Élodie Martins, Françoise Claustres

RENDRE SON CHIOT HEUREUX

ulmer

Sommaire

Avant-propos

Vous allez accueillir un chiot ou peut-être est-il déjà arrivé ? Vous souhaitez faire au mieux pour qu'il soit heureux et pour construire une cohabitation harmonieuse ? Avant tout, vous devez savoir qu'un chiot apprend facilement, notamment grâce à l'éducation positive. De plus, en le comprenant, en s'adaptant à son tempérament et en répondant à ses besoins, une belle relation peut rapidement s'installer avec, à la clé, une complicité et une vie heureuse pour de nombreuses années.
Ce livre qui prône une éducation bienveillante vous permettra de lui apprendre la propreté, la solitude, les apprentissages de base, d'éviter les problèmes éventuels de comportement et de le rendre bien dans ses pattounes pour le reste de sa vie en lui proposant des activités et des jeux qui lui conviennent !
Bonne lecture !

LES PRÉPARATIFS

FICHE 1

Une relation de qualité

Avant toute chose, vous devez, si vous voulez que votre chiot soit heureux et qu'il le reste, instaurer avec lui une relation de qualité où cris et coups sont bannis et où la bienveillance et le respect sont privilégiés. Cette bienveillance va de pair avec l'éducation respectueuse dite positive défendue dans ce livre. Si, en plus, vous répondez à ses besoins élémentaires, vous aurez toutes les chances de vivre une belle relation !

Une éducation respectueuse et bienveillante

Il était jadis d'usage de penser que le « maître » devait dominer son chien : pouvoir mettre la main dans sa gamelle sans qu'il bouge, lui reprendre un os dans la gueule, lui mettre la truffe dans ses bêtises quand il en avait fait, tirer sur sa laisse pour le faire aller où on voulait, crier pour le faire rentrer, voire le frapper si nécessaire. Nous sommes heureusement presque entièrement revenus de ce mode d'éducation coercitif qui ne rend pas un chien heureux, mais en fait juste un chien apeuré et passif.

L'éducation positive consiste à adopter une attitude bienveillante en toutes circonstances. C'est une vision de la relation avec son chien qui repose sur le respect, la compréhension et l'amour.

À bannir

Les cris, les coups, les violences psychiques et/ou physiques, surtout sur un chiot. Dans le cas contraire, le chien risque de développer des comportements indésirables. On ne mettra donc pas la truffe de son chiot dans son pipi pour lui faire comprendre que ce n'est pas bien…

Les outils coercitifs : collier étrangleur, électrique, torcatus ; les colliers anti-fugue ; tous les outils qui font peur et/ou mal.

Le principe à retenir

Les bons comportements sont encouragés, félicités et renforcés, notamment au moyen de la récompense. Les comportements jugés inadéquats sont ignorés ou redirigés.

HUMAIN, PAS MAÎTRE

Ce livre ne contient pas le mot « maître » qui renvoie à une idée ancienne de domination qui n'existe pas. Nous lui avons préféré le mot « humain », tout simplement !

LA RÉCOMPENSE

- *La récompense peut être de plusieurs ordres : une friandise appréciée par le chien, une félicitation verbale, une caresse, étant entendu que le chien en a envie, accéder à ce qu'il souhaitait.*
- *Il faut savoir que le système « félicitation verbale (yes/oui/bravo/bien) + récompense » renforce bien le comportement. Quand celui-ci est acquis, vous pouvez ne récompenser qu'une fois sur 2 par exemple.*
- *Ce qui est obligatoire, en revanche, c'est qu'en félicitant, vous soyez enjoué et sincère, et pas stressé !*

Dans la vie de tous les jours

L'éducation dite positive se base sur deux conditionnements : le renforcement positif et la punition négative.

- **Le renforcement positif :** mon chien adopte un comportement qui me plaît (mon chiot attend calmement que j'ouvre la porte pour aller en balade), je renforce ce comportement par quelque chose de positif (récompense : j'ouvre la porte, ce qui signifie que nous allons en balade) afin qu'il adopte à nouveau ce comportement.
- **La punition négative :** je vais pour ouvrir la porte, le chien saute sur la porte pour que je l'ouvre plus vite, je ferme la porte afin qu'il apprenne à ne pas sauter sur la porte (j'enlève quelque chose d'agréable, l'accès à l'extérieur, pour que le comportement de sauter diminue).

L'éducation positive se base également sur des apprentissages progressifs. L'apprentissage se fait en plusieurs étapes : allez-y doucement et n'hésitez pas à revenir à l'étape précédente si votre chien a du mal à un certain moment. **Le chien ne doit par ailleurs jamais être laissé sur un échec.** Voilà pourquoi on terminera toujours un apprentissage sur une réussite et pourquoi on adaptera la difficulté de l'apprentissage au chien. **Vous devez également utiliser un ton calme et bienveillant et faire preuve de disponibilité.** Comme ce n'est pas toujours facile, remettez à demain un apprentissage si vous êtes particulièrement stressé ou impatient ce jour-là. Et, pour donner un autre exemple, ne prévoyez pas une balade de 5 km si vous avez 30 minutes, car presser le chien ne sert à rien.

Les besoins du chien

La **pyramide des besoins**, ou pyramide de Maslow, est une représentation pyramidale des besoins élaborée par le psychologue Abraham Maslow dans les années 40. On peut l'appliquer au chien qui, comme son humain, a des besoins fondamentaux qu'il convient de

satisfaire. Si, notamment au moyen de l'éducation positive, vous répondez à ses besoins, vous avez toutes les chances d'avoir un chien au top avec lequel vous aurez une relation de qualité !

Comme on le voit sur la pyramide ci-dessous, les besoins sont de trois ordres : basiques, psychologiques, d'épanouissement.

Les besoins basiques

Comme l'homme, le chien doit **boire, manger et dormir** dans de bonnes conditions. Le chien doit aussi **mastiquer** quotidiennement (besoins physiologiques).

Il doit **se sentir en sécurité et en confiance** avec son humain. On retrouve ici l'importance d'une éducation respectueuse sans violence qui assure au chien un relationnel bienveillant dans un environnement sécurisant.

Les besoins psychologiques

Le chien n'est pas fait pour vivre seul. Il a **besoin de contacts** avec des chiens, avec des humains. C'est particulièrement vrai pour le chiot. Voilà pourquoi, dès son plus jeune âge, il est important qu'il côtoie d'autres chiens et des humains. Cela lui permettra d'avoir une socialisation de qualité. Il faut bien évidemment que ces contacts se passent bien. Pour cela, il est important de connaître le langage du chien, notamment *via* les signaux d'apaisement (*cf.* fiche 6). Cela vous permettra de repérer et d'accepter ses envies, non-envies et ses besoins.

Les besoins d'épanouissement

En haut de la pyramide, on trouve les besoins d'épanouissement qui consistent à proposer au chien **des jouets et des activités adaptés à son âge, son tempérament, sa santé et son mode de vie** : balades, activités de flair, apprentissages en douceur, jeux cognitifs... La liste est longue et on peut commencer les activités dès son plus jeune âge.

PYRAMIDE DE MASLOW ADAPTÉE AUX CHIENS

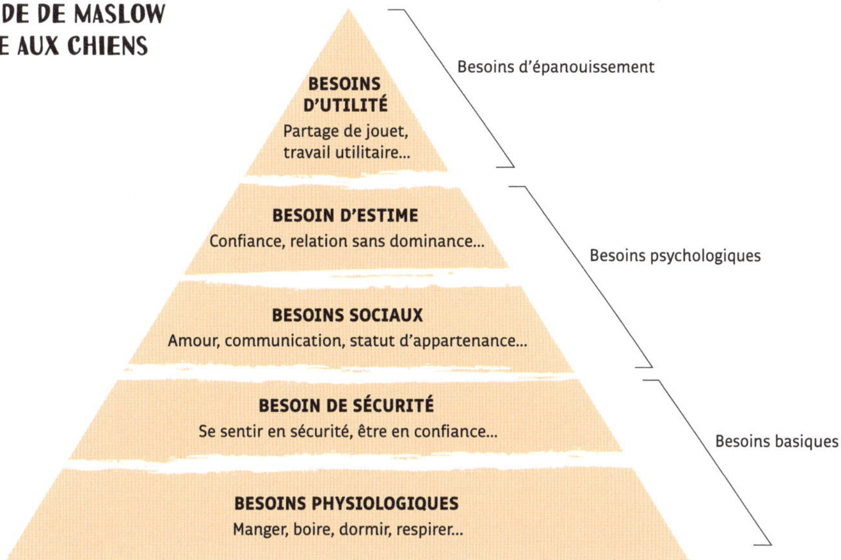

FICHE 2

Adopter - Bien choisir son chiot

Accueillir un chiot doit être une décision mûrement réfléchie. Vous vous engagez en effet pour de longues années. Ce nouvel arrivant doit notamment être désiré par tous les membres de la famille au risque de créer des tensions dans les semaines, mois ou années à venir. Il va également chambouler l'organisation quotidienne de tout le foyer.
Un chien représente également un investissement émotionnel, de temps et d'argent. Alors réfléchissez bien ! Cela vaut la peine car si tout va bien, vous pourrez partager de nombreuses années avec un être exceptionnel qui enrichira votre quotidien.

POUR INFO

Sachez que dans la majorité des cas, les chiens adoptés pour les enfants/adolescents restent chez les parents lorsque l'enfant grandit et qu'il part faire ses études/sa vie.

Quelle race choisir ?

Ne choisissez pas uniquement un chien en fonction de critères de beauté. Le choix de la race est important. Pour être certain que la race à laquelle vous pensez est adaptée à votre rythme de vie, vos activités, votre environnement..., discutez avec différents éleveurs. N'oubliez pas que même si chaque chien est unique, certains chiens ont des prédispositions, du fait de leur physique et de la sélection qui a été faite, pour certains comportements qui pourraient poser des problèmes si les conditions de vie proposées ne sont pas adaptées ou ne répondent pas à leurs besoins. Certains chiens sont ainsi sélectionnés pour leur bonne capacité à chasser, à monter la garde. Adopter un chiot qui a des caractéristiques spécifiques pour ensuite lutter contre ces dernières car elles gênent la vie quotidienne est une erreur qu'il faut éviter à tout prix. Ainsi, n'optez pas pour une race sportive si vous êtes casanier; l'inverse est également valable !

Où adopter un chiot ?

Chez un éleveur

Bien choisir l'élevage est très important. Déplacez-vous pour aller voir dans quelles conditions sont élevés les chiens adultes et les chiots. Vous devez pouvoir visiter le lieu,

et voir les parents et la portée. N'hésitez pas à contacter plusieurs éleveurs. Privilégiez les petits éleveurs qui n'élèvent qu'une ou deux races. En effet, plus l'élevage a de portées et moins l'éleveur aura de temps pour bien s'occuper des chiots.

L'élevage doit être choisi pour son travail de qualité dans l'accompagnement et le respect des chiots et non pour la distance à parcourir ou le tarif. En effet, en plus de veiller à la bonne santé des chiots, l'éleveur a un travail essentiel d'éveil, de familiarisation et de socialisation des chiots. Les chiots doivent notamment avoir vu et côtoyé d'autres humains que ceux du foyer et d'autres chiens (de races différentes). Par ailleurs, dans une portée, les chiots ont des tempéraments différents. L'éleveur pourra vous guider pour vous dire quel chiot a le tempérament qui pourrait le mieux vous correspondre.

Si votre chien va vivre en famille à l'intérieur, sélectionnez un éleveur qui élève ses chiots dans la maison. Votre chiot connaîtra ainsi déjà la vie de famille (les bruits, les enfants...) et sera mieux préparé à ce qui l'attend.
Si vous avez un chat ou envisagez d'adopter un chat, la présence d'un chat au sein de l'élevage est idéale.
Si vous avez un chien, assurez-vous qu'il s'entende avec les autres chiens et prenez conseil auprès d'un(e) comportementaliste pour savoir si une cohabitation avec un congénère est possible.

CONSEIL

Privilégiez le chiot à l'aise avec l'humain qui viendra à votre contact ou interagira avec vous, plutôt que celui qui reste à l'écart.

En refuge/association

Il arrive que certains refuges ou certaines associations aient des chiots à placer. En règle générale, il s'agit de chiens croisés. Il faudra prendre en compte que ce petit chiot aura eu un début de vie compliqué (séparation de la mère trop tôt, vie en box, maltraitances…) et qu'il nécessitera une attention particulière.

Si le chiot est en famille d'accueil, l'association pourra vous dire quels sont son tempérament et ses besoins.

En revanche, s'il vit en refuge, c'est-à-dire en box, avec le stress que cela engendre, il sera difficile de prévoir ses comportements au sein d'une famille, dans un appartement… Mais les bénévoles feront au mieux pour vous guider en fonction de ses comportements actuels et de sa sensibilité.

Quoi qu'il en soit, surtout si vous choisissez un chiot chez un particulier, ne prenez pas chez vous un chiot de moins de 2 mois car il ne serait ni sevré ni socialisé correctement.

CONSEILS

- *Évitez les annonces sur les sites de ventes en ligne pour particuliers non spécialisés ou les éleveurs qui vous livrent le chiot sur une aire d'autoroute, juste après un échange téléphonique.*
- *Évitez les animaleries qui achètent les chiots à des éleveurs faisant de l'élevage « à la chaîne » dans des conditions inadmissibles et non respectueuses du bien-être animal.*

Le budget

Avoir un chien coûte de l'argent. Il faut en être conscient avant de se lancer dans cette belle histoire. Il faut prévoir :

- le prix du chiot
- les vaccins annuels et les soins vétérinaires (stérilisation, blessures, maladies, chirurgies…) dont les prix dépendent du chien (gabarit, sexe…)

POUR INFO

Plus le chien a un grand gabarit et plus le budget alimentation et soins vétérinaires sera élevé.

- l'alimentation (croquettes, Barf, ration ménagère…), *cf.* fiche 7
- les accessoires nécessaires : couchages, harnais, laisse, longe, manteau, jouets…
- éventuellement, le toilettage : certains chiens nécessitent d'aller régulièrement au salon de toilettage.

Il existe également des mutuelles pour chien qui vous permettent de vous faire rembourser en cas de pépin en échange de cotisations mensuelles. Vous pouvez également mettre de l'argent régulièrement de côté afin de pouvoir répondre financièrement en cas de besoin.

Une aide idéale

Un(e) comportementaliste ayant une approche bienveillante et respectueuse peut vous aider à choisir le chiot qui pourrait vous convenir, vous donner des conseils pour sélectionner la race, l'élevage, préparer son arrivée et vous accompagner pour les premiers apprentissages. Cela vous permettra de mettre toutes les chances de votre côté pour que tout se passe le mieux possible.

FICHE 3

Le développement du chien

Tout au long de sa vie, le chien va passer par sept phases dont certaines peuvent être plus perturbantes que d'autres. En être conscient permet de mieux comprendre son chien et de mieux l'accompagner.

La gestation : période prénatale

Caractéristiques

La gestation, qui a lieu chez l'éleveur, est une phase qui doit se passer sans encombre pour éviter à la mère tout traumatisme ou tout stress qui pourrait avoir des répercussions sur le futur comportement du chiot (peur, anxiété...). Voilà notamment pourquoi il est important, comme nous l'avons vu dans la fiche précédente, de bien choisir son élevage. On privilégiera comme mère, pour le futur chiot, une femelle équilibrée et sociable qui évolue dans un environnement stable et serein.

De 0 à 15 jours : période néonatale

Caractéristiques

C'est la période de l'attachement de la mère au chiot. Cette période commence à la naissance et se termine lorsque le chiot ouvre ses paupières. Le chiot naît sourd et aveugle. Il est donc dépendant de la mère. Ses autres sens (le goût, l'olfaction et la sensibilité tactile) fonctionnent.

Le chiot pendant cette période

Le chiot passe l'essentiel de son temps à dormir et à téter grâce à un réflexe de succion.

Comme il ne régule pas encore sa température, il va chercher la chaleur de sa mère et de sa fratrie en rampant (on parle de reptation), grâce au réflexe inné de fouissement qui lui permet également de trouver les mamelles. Il gémira s'il ne sent plus la chaleur.

De 15 à 21 jours : période de transition

Caractéristiques

Cette période commence à l'ouverture des paupières et se termine à l'apparition de l'audition. Le chiot est à présent capable de réguler sa température corporelle. Il peut tenir sur ses pattes, mais sa démarche manque encore de stabilité.

Le chiot pendant cette période

Le chiot va désormais pouvoir explorer son environnement grâce à la vue et à ses capacités motrices qui se développent. Le comportement exploratoire se met en place, le chiot sort du nid. L'attachement du chiot à la mère se met également en place, ainsi que le processus d'imprégnation (reconnaissance de sa propre espèce). Les jeux entre les chiots commencent.
Tous ces événements sont essentiels pour l'apprentissage du répertoire comportemental du chien.

De 21 jours à 12 semaines : période de socialisation

Caractéristiques

Cette période est cruciale pour le chiot. Il va en effet devenir plus autonome et s'adapter à l'environnement proposé. C'est également pendant cette période qu'il va se socialiser avec sa propre espèce. Grâce aux interactions sociales avec sa mère et les autres chiots, il va également apprendre les autocontrôles (ex. : inhibition de la morsure) et les codes canins pour bien communiquer.
Le chiot doit par ailleurs côtoyer d'autres races de chiens bien codés pour continuer sa socialisation et favoriser les bons apprentissages. Plus la socialisation sera bien faite, plus on aura de chance d'avoir un chiot sociable qui souhaite interagir avec les autres chiens et apprécie de le faire.
La familiarisation à l'humain (homme, femme, enfant) est indispensable pour avoir un chien à l'aise avec ces derniers. Pour cela, il faut que, jusqu'à ses 3 mois environ, il côtoie régulièrement différents humains. Ces rencontres doivent générer des émotions positives pour ne pas sensibiliser le chiot. Le chiot risquerait dans le cas contraire de développer de la crainte vis-à-vis des inconnus.

Le chiot pendant cette période

Jusqu'à ses 5 semaines, le chiot va être attiré par tout ce qu'il ne connaît pas. On parle de phase d'attraction (de 3 à 5 semaines). À partir de la 5e semaine, alors que la phase d'attraction diminue, une phase d'aversion commence. Le chiot commence à avoir peur de ce qui lui est inconnu, d'où l'importance de favoriser les expériences positives. À 8 semaines, la phase d'aversion va remplacer la phase d'attraction, ce qui va rendre la socialisation plus délicate. On comprend encore une fois l'importance de trouver un élevage qui offre des conditions favorisant une bonne socialisation.

De 2 à 3 mois : adoption

En règle générale, le chiot est adopté entre 2 et 3 mois. **L'âge légal minimum pour adopter un chiot en France est de 2 mois.** Certains éleveurs préfèrent garder le chiot jusqu'à ses 3 mois, il faut alors que l'environnement proposé corresponde bien à ce qui attend ce dernier dans sa nouvelle famille. Il faut également que la familiarisation aux espèces amies soit faite avant ses 3 mois.

De 3 à 6 mois : période juvénile

Caractéristiques

Cette période se termine lorsque le chiot arrive à sa maturité sexuelle. C'est une période propice aux apprentissages liés à la cohabitation avec des humains : la propreté, le rappel, la marche en laisse… Tous ces apprentissages doivent être menés de manière respectueuse et bienveillante car le chiot traverse à nouveau une période sensible et il ne faudrait pas qu'il ait des expériences négatives pouvant le sensibiliser. Faites-vous accompagner par un éducateur comportementaliste ayant une approche respectueuse pour vous accompagner dans les premiers apprentissages.

Le chiot pendant cette période

Le chiot continue à apprendre à communiquer avec ses congénères. Il apprend également de ses expériences.

De 6 à 12 mois : puberté

Caractéristiques

Le chiot est à sa maturité sexuelle. Il a la capacité de se reproduire. La période de la puberté varie en fonction des races. Certains chiens arrivent à la puberté vers 6-7 mois tandis que d'autres, notamment ceux de grande race, l'atteindront vers 10-12 mois.

Le chiot pendant cette période

Cette période peut être compliquée pour votre cohabitation. Le chien peut proposer de nouveaux comportements dus à des modifications physiologiques et hormonales :

- Le mâle, attiré par les femelles et leurs odeurs (ex. : léchage d'urine), va peut-être se mettre à marquer (lever la patte pour uriner), à fuguer...
- La maturité sexuelle de la femelle va aller de pair avec l'arrivée des chaleurs. La chienne va avoir des pertes sanguines, ce qui va pousser l'humain à lui mettre des culottes pour protéger son mobilier. En période de chaleurs, les balades peuvent devenir compliquées si les chiens du quartier ne sont pas stérilisés. La femelle peut aussi fuguer pour retrouver le chien du voisin...

L'humain doit poursuivre les apprentissages de bases (écoute, rappel...). Le jeune chien doit, lui, continuer de côtoyer des congénères pour parfaire sa socialisation.

À 12 mois (plus tard pour certaines races), le chien arrive à l'âge adulte.

Vous l'aurez compris, la première année (et même avant sa naissance) est une période de la vie de votre chien très importante. Se renseigner, se faire accompagner durant cette période vous permettra d'instaurer des bases solides vous assurant des années agréables pleines de complicité.

FICHE 4

Préparer son arrivée

Ça y est, votre chiot arrive dans quelques jours. Il est temps de tout préparer, à commencer par l'aménagement de votre intérieur. Cela vous aidera à attendre calmement et à éviter quelques accidents qui peuvent vite arriver avec un chiot curieux de tout… et de tous…

Shopping !

La première étape est agréable puisqu'il s'agit d'acheter ou de récupérer l'équipement de base.

Besoins basiques : manger, boire et dormir

- **Deux gamelles au minimum :** une pour l'eau, une pour les aliments. Vous pouvez les choisir en céramique, cela évite que la gamelle garde des odeurs et donne un goût à l'eau. Comme la gamelle est lourde dans cette matière, cela évite également que le chiot ne la renverse.
- **Une alimentation adaptée :** beaucoup d'éleveurs proposent aux adoptants de repartir avec un paquet de croquettes, ce qui permet d'avoir ce qu'il faut les premiers jours et de faire une transition alimentaire si vous souhaitez changer son alimentation (*cf.* fiche 7).
- **Des friandises appétentes** pour les apprentissages et des friandises masticatoires (*cf.* fiche 7).
- **Un panier minimum :** un lieu où dormir, vrai panier, tapis, coussin… Avec le temps, vous découvrirez ce que votre chien préfère (dureté d'un tapis, petite corbeille…). Si votre habitation est sur plusieurs étages, il faudra au minimum un couchage par étage. Au début, n'investissez pas dans des couchages onéreux car le chiot pourrait les abîmer…
- **Un tapis près de l'entrée** pour faciliter la pose du harnais, de la laisse, le nettoyage des pattes… Le chiot va ainsi apprendre à se poser dessus lors des sorties et des retours de balades.
- Vous pouvez aussi prévoir un tapis pour que le chiot patiente dessus pendant que vous préparez sa gamelle ou pendant que les humains mangent à table.
- **Un petit manteau** si c'est l'hiver pour les chiots de petit gabarit qui souffrent du froid ou de la pluie.

LE « PANIER »

Le « panier » est, et doit rester, un lieu à lui, où il se sent en sécurité. Vous ne devez donc pas y envoyer votre chien sous prétexte qu'il est « puni » ou l'y déranger, même pour faire un câlin.

- **Un kong** à lui donner, notamment en cas d'absence (*cf.* p. 85).
- **Un tapis de léchage** et de quoi mastiquer pour l'occuper (*cf.* p. 85).
- **Une serviette** dédiée avec laquelle vous le sécherez après la pluie.

Besoins sécuritaires

- **Un harnais adapté:** prenez un harnais de manière à ce que la trachée (en « Y » sur le devant), les épaules et les aisselles soient dégagées.
- **Plusieurs laisses** de différentes longueurs avec une laisse de 3 m minimum.
- **Une longe** de 10 à 20 m pour l'apprentissage du rappel.
- **Un collier** auquel vous aurez attaché une médaille avec son nom et vos coordonnées. Il est préférable de retirer le collier du chiot lorsqu'il est à l'intérieur sans surveillance pour qu'il ne s'accroche pas avec.
- Un collier phosphorescent pour les sorties nocturnes.
- Éventuellement, un GPS qu'on attache au collier ou au harnais pour retrouver le chiot s'il se perd.
- Ce qu'il faut pour le protéger **contre les puces et les tiques.**
- **Un équipement pour les déplacements en voiture:** une caisse de transport, au minimum une ceinture de sécurité pour chien et une housse de protection.
- Si vous avez un bébé, une barrière peut vous permettre de vous occuper de lui sans permettre au chien d'entrer dans la chambre. La barrière permet de ne pas isoler le chiot car il voit ce qu'il se passe.

Besoins d'épanouissement

Investissez dans quelques **jouets** (*cf.* p. 84), une brosse à laquelle vous l'habituerez et qui vous permettra de passer un moment agréable avec lui. Faire avec son chien des **activités épanouissantes** qui lui plaisent (*cf.* fiches 17 à 19) et varier les activités.

Rangement !

La deuxième étape est moins fun puisqu'il s'agit de ranger afin d'éviter les risques d'accident. Un chiot est en effet un être extrêmement curieux qui va découvrir son environnement en mordillant, touchant, reniflant... Vous ne voudriez pas avoir à l'emmener chez le vétérinaire sitôt arrivé...

La cuisine, la salle de bains et la buanderie

Rangez tous les aliments, tous les produits ménagers et tous les médicaments toxiques pour un chien (*cf.* fiche 7).

Toute la maison

Faites attention aux fils électriques qui traînent, aux prises non sécurisées, aux

télécommandes à portée du chiot car tout cela pourrait finir en miettes et votre chiot chez le vétérinaire s'il en ingère des morceaux. Rangez tous vos objets précieux, tous les papiers et les livres importants, surtout au début... Si vous avez des tapis de valeur, il peut être préférable de les retirer au début, le temps que le chiot devienne propre.
Mettez en hauteur les plantes toxiques (*cf.* fiche 7). Enlevez tous les produits raticides et souricides.

Le jardin, le balcon, les fenêtres et la porte

Sécurisez votre jardin pour que votre chiot ne puisse pas s'échapper ou tomber : clôtures et portail. Même chose pour le balcon si vous vivez en appartement. Pensez également aux portes, aux fenêtres...
Enlevez également tout ce qui pourrait être dangereux : bâtons coupants, morceaux de ferraille... Bref, faites un grand ménage de printemps avant son arrivée !

Aménagement

La troisième étape est chouette puisqu'il s'agit de lui préparer un home sweet home !

Dedans

Mettez les « paniers » dans des endroits proches de ceux où vous serez (canapé, table...) car le chien a envie d'être avec ses humains, mais ne les mettez pas sur le passage afin que personne ne le dérange quand il s'y repose. Vous pouvez également disposer un couchage dans un coin plus tranquille si le chien veut de temps à autre être au calme.
Mettez dans le « panier » un ou deux jouets. Vous pouvez également fabriquer ou vous équiper d'une caisse à jouets où votre chiot ira en chercher un en fonction de ses envies (vous pourrez même plus tard lui apprendre à les ranger dans la caisse !).
Mettez également dedans un vêtement à vous afin qu'il s'habitue à votre odeur ou qu'il soit rassuré lorsque vous n'êtes pas là.
Préparez une gamelle d'eau fraîche et changez cette eau régulièrement.
Mettez une barrière devant les escaliers (**un chiot ne doit pas monter des marches trop tôt**) et devant les pièces où vous ne voulez pas qu'il aille (chambre bébé...). Mettez également une protection autour du poêle à bois ou devant la cheminée pour qu'il ne se brûle pas.

Dehors

À la belle saison, vous pouvez lui mettre un matelas à l'extérieur avec un jouet qui restera dehors. Et pour les jours où il fait très chaud, une petite piscine !

FICHE 5

Le jour J, l'arrivée du chiot

C'est le grand jour ! Vous allez chercher votre chiot. C'est une journée importante pour vous et pour votre futur compagnon. Comme nous l'avons déjà vu dans la précédente fiche, s'organiser pour bien préparer cette arrivée et suivre quelques bons conseils permettra au chiot de prendre plus facilement ses marques et de faire de ce jour un beau souvenir !

Ce qu'il faut emporter

Prenez un harnais et une laisse d'au moins 3 m. L'idéal est que l'éleveur ait déjà habitué le chiot au harnais et à la laisse. Demandez-lui. Si l'éleveur a habitué le chiot au collier, laissez le collier sur votre chiot pour le moment. Vous l'habituerez plus tard au harnais (*cf.* p. 71).
Prévoyez une caisse de transport ou un système d'attache de sécurité pour la voiture. Si la taille du chiot le permet, vous pouvez le prendre sur vos genoux à l'arrière. Ce sera plus rassurant pour lui. Encore une fois, si l'éleveur a habitué le chiot à la voiture, le trajet sera moins stressant.
Emportez du papier absorbant/des alèses/des serviettes éponges pour protéger vos genoux et la voiture. Certains chiots sont malades en voiture et peuvent vomir ou avoir la diarrhée.
Prenez également une gamelle et de l'eau, surtout s'il fait chaud ou si le trajet dure plus d'une heure. Prenez toujours l'habitude d'avoir de l'eau et une gamelle lorsque vous voyagez en voiture avec votre chien.

CONSEIL

Si vous avez un autre chien et que l'éleveur est d'accord, vous pouvez l'emmener pour faire les présentations lors de l'adoption. Faites les présentations dans un lieu neutre et pas à l'intérieur. Lisez à ce sujet la fiche 12.

Sur le chemin du retour

Si vous êtes allé le chercher seul, installez-le dans une caisse de transport avec tapis antidérapant et serviette-éponge/alèse.
Si vous êtes accompagné, installez-vous à l'arrière de la voiture avec lui, ce sera plus rassurant pour lui. Attachez-le à l'aide d'une ceinture de sécurité pour chien qui se fixe sur harnais (pas sur le collier) ou calez-le sur vos genoux. Protégez la banquette arrière et vos genoux au cas où il serait malade.
Si vous êtes venu avec un autre chien, séparez-les dans la voiture lors du retour à la maison.

Si le trajet est long et/ou si le chiot commence à s'agiter, faites une pause. Choisissez un lieu calme et sortez-le en laisse car le chiot, par peur, pourrait prendre la fuite.

L'arrivée à la maison

Si vous avez un jardin, commencez par lui faire visiter le jardin en laisse/longe dans le calme sans chercher à jouer avec lui. Contentez-vous de l'accompagner en marchant calmement à côté de lui.

Puis vous pouvez lui faire visiter l'appartement ou la maison. Accompagnez-le pour faire le tour de toutes les pièces.

Montrez-lui ses affaires: ses « dodos », sa gamelle d'eau et ses jouets. Si l'éleveur vous a donné un tissu à l'odeur de l'élevage, vous pouvez le disposer dans son « dodo ».

S'il y a des enfants, demandez-leur de ne pas trop solliciter le chiot. Laissez-le respirer, ne le submergez pas de câlins. Il va être fatigué. Trop d'agitation ne lui permettra pas de se reposer et de se remettre de ses émotions.

CONSEILS

- *Le jour de l'arrivée, évitez les visites. Le chiot a besoin de calme et de prendre ses marques. Il va également avoir besoin de se reposer car cela va être une journée riche en émotions.*
- *Si vous avez un autre chien à la maison ou un chat, consultez la fiche 12 pour faire les présentations.*

La première nuit

La première nuit, dormez dans la même pièce que votre chiot. N'oubliez pas qu'il vient d'être séparé de sa fratrie, de sa première famille d'humains et de changer d'environnement. C'est un bébé qui peut être en détresse et avoir peur pendant la nuit. Et ne craignez pas que « cela lui donne de mauvaises habitudes ». Nous ne parlons que de la, ou des, première(s) nuit(s). Vous aurez largement le temps de lui apprendre à dormir dans une autre pièce ou au pied du lit. Il s'agit ici de le rassurer le plus possible, comme on le ferait avec un bébé. Dormir avec son chiot au début permet qu'il se sente plus en confiance. De plus, en dormant avec lui, vous verrez quand il se réveille et quand il a besoin de sortir pour faire ses besoins.

Si vous souhaitez que le chien dorme dans votre chambre, vous pouvez installer le chiot dans votre chambre dès la première nuit. Dans ce cas, placez son « dodo » près du lit. Vous pourrez éloigner son panier du lit progressivement une fois qu'il sera plus à l'aise.

LA « CAISSE »

Enfermer son chiot en caisse la nuit (ou la journée !) n'est pas une bonne idée. *Ce conseil est souvent donné pour faciliter le quotidien car il épargne la corvée de nettoyer les pipis du chiot dans toute la pièce et éviterait au chiot de se blesser. Mais ce n'est pas ainsi que vous lui apprendrez la propreté (cf. fiche 9). Vous pouvez cependant limiter l'espace en fermant des portes ou en plaçant des barrières pour qu'il ne puisse pas aller dans certaines pièces et, en ce qui concerne les risques de blessures, retirer tout ce qui est dangereux ou fragile... L'enfermer en caisse ne lui permet en outre pas d'opter pour les comportements opportuns. Il va falloir qu'il vive les situations pour apprendre à bien se comporter.*

La caisse peut en revanche être utile en voiture (cf. fiche 16). **Dans tous les cas, la caisse ne doit pas être utilisée pour cacher des problématiques (destructions, propreté...).** *Et si votre chiot apprécie d'avoir un toit au-dessus de sa tête, vous pouvez lui laisser une caisse à disposition ; mais retirez la porte !*

Si vous ne souhaitez pas qu'il dorme dans la chambre par la suite, vous pouvez temporairement dormir dans la pièce où il passera la nuit, dans le salon par exemple. Dans quelques jours, quand votre chiot aura pris ses marques, vous pourrez retourner dormir dans votre chambre.

CONSEIL

Évitez les jeux de lancer ou les jeux d'excitation. Comme leur nom l'indique, ils renforcent l'excitation (cf. fiches sur les jeux et les activités) et ne permettent pas au chiot d'apprendre à rester calme et à se poser.

Les premiers jours

RTT...

L'erreur souvent commise est d'adopter le chiot pendant le week-end et de partir au travail le lundi en le laissant seul. Le chiot va être en détresse car il ne peut pas se retrouver seul d'un coup sans une habituation préalable (*cf.* fiche 8). Prenez quelques jours de congés pour ne pas laisser le chiot seul tout de suite après son adoption.

Ameublement

Rangez tout ce qui pourrait être dangereux, fragile, accessible. Retirez tout ce qui n'est pas nécessaire ou qui a de la valeur.

Laissez-lui des jouets à disposition. Le chiot, une fois à l'aise, va explorer son environnement. Il va peut-être mordiller les pieds de chaise, jouer avec les coussins du canapé... Comme il ne sait pas encore ce qui est autorisé ou pas, redirigez-le vers ses jouets quand il attaque le mobilier, en prenant un jouet et en le lui donnant. Félicitez-le quand il joue avec ses jouets pour renforcer ce comportement. Ne grondez pas le chiot, cela ne lui permet pas d'apprendre, juste d'avoir peur de vous. Guidez-le sur les bons comportements, renforcez-les en le félicitant quand de lui-même il opte pour un comportement que vous souhaitez voir se reproduire.

Un chien, pas une peluche !

- **Le calme**

Laissez le chien tranquille les premiers jours. Ne l'emmenez pas partout, et notamment dans des lieux bruyants, comme à la sortie de l'école des enfants. Laissez-le prendre ses marques tranquillement.

- **Le respect**

Par ailleurs, votre chien n'est pas là pour occuper les enfants, les surveiller ou encore servir de peluche quand on souhaite le papouiller. Il est important de le comprendre, de comprendre comment il communique (*cf.* fiche 6) et de mettre en place des règles (pour le chien et pour les humains du foyer).

Lorsque vous souhaitez caresser votre chiot, assurez-vous qu'il en a envie. Pour cela, mettez-vous à environ 1 m de lui, accroupissez-vous et appelez-le en laissant votre main dans sa direction à hauteur de son museau. Lorsqu'il arrive, laissez-le vous renifler la main. Puis vous pouvez légèrement bouger vos doigts pour le gratouiller au niveau du poitrail ou des flancs.

- Si le chiot s'appuie contre votre main ou place une partie de son corps contre la main (*cf.* fiche 6 « Le langage canin »), c'est qu'il est d'accord. Arrêtez régulièrement de le caresser pour voir s'il redemande des caresses en s'appuyant contre votre main.
- S'il détourne la tête, passe la langue sur le museau, ne s'appuie pas contre votre main, ce n'est pas le bon moment. Ce n'est pas parce qu'un chien vient vers nous, nous renifle, qu'il a envie que nous le caressions.

FICHE 6

Le langage canin

Dès son plus jeune âge, votre chiot va… parler ! Disons plutôt communiquer. Avec vous, mais aussi avec ses congénères. Comment ? Avec son corps et des expressions. Pour dire quoi ? Pour exprimer son malaise, désamorcer un conflit, s'auto-calmer, manifester sa joie. On appelle les signes qu'il émet pour communiquer les signaux d'apaisement. Il est important de les connaître si on veut comprendre son chien et améliorer son bien-être.

Les signaux d'apaisement

Turid Rugaas est une Norvégienne partisane des méthodes douces d'éducation avec les animaux. À la fin des années 80, elle a répertorié les signaux d'apaisement et mis en évidence l'importance de les connaître pour comprendre les envies et les non-envies de son animal, les respecter, éviter les problèmes de comportement et avoir une meilleure relation avec lui. Elle en a répertorié une trentaine, qu'on trouve dans son best-seller au succès jamais démenti depuis sa parution en 1996 : *Les signaux d'apaisement.*

Ces signaux sont basés sur des expressions comportementales canines. Comme Turid Rugaas l'écrit dans son livre, ce sont une véritable « police d'assurance-vie ». Ils sont employés « dans un premier temps en prévention pour éviter les menaces des gens et des chiens, calmer la nervosité, la peur, le bruit ou toute chose désagréable. » **Les chiens les utilisent pour s'apaiser et faire comprendre qu'ils sont dans une situation qui ne leur convient pas.** Si la personne (ou le congénère) ne voit pas ces signaux, ne les comprend pas ou n'y répond pas de façon appropriée, le chien peut passer à l'étape suivante pour se faire entendre : montrer les dents, grogner, voire mordre.

Quand vous connaîtrez ces signaux, vous pourrez répondre et communiquer avec votre chien en les utilisant à votre tour.

Sur la trentaine de signaux répertoriés par Turid Ruggas, voici les 8 incontournables.

POUR INFO

- *Les signaux sont souvent furtifs et donc difficiles à voir. Vous allez donc devoir faire très attention et bien regarder votre animal.*
- *Le contexte dans lequel votre chien émet ces signaux est primordial pour comprendre la situation.*

Tourner la tête

• **Le chien:** Le chien peut tourner la tête d'un côté, revenir à sa position initiale ou rester la tête sur le côté. Il peut par exemple le faire si vous vous penchez sur lui, si vous le prenez en photo ou si un chien s'approche de lui trop vite. Il signifie ainsi son malaise. S'il le fait avec vous, arrêtez ce que vous êtes en train de faire.

• **Vous:** Si vous rencontrez un chien pour la première fois et qu'il ne semble pas à l'aise, vous pouvez tourner la tête pour lui faire comprendre que vous ne souhaitez pas de conflit, plutôt que de le regarder en face (les chiens n'aiment pas du tout cela).

Se détourner

• **Le chien:** Si tourner la tête ne suffit pas ou si la situation est grave, le chien, au lieu de tourner la tête, peut tourner le dos.

• **Vous:** Vous aussi pouvez vous détourner, par exemple si votre chien vous saute dessus quand vous rentrez à la maison, ou si vous n'êtes pas rassuré face à un chien inconnu.

Contourner

• **Le chien:** Souvent, quand ils se rencontrent, les chiens se contournent en formant un arc de cercle, pour éviter une approche de face, source éventuelle de tension. Cela montre une volonté d'éviter le conflit.

• **Vous:** Quand vous rencontrez un chien, évitez une approche rapide et frontale.

Associez les signaux d'apaisement : tournez la tête et contournez le chien.

Se lécher la truffe

• **Le chien:** Ce mouvement très rapide de la langue est parfois difficile à voir. Il signale comme les autres un inconfort, sauf si votre chien vient de terminer son repas… Le chien peut le faire quand vous vous penchez sur lui, quand un enfant, par exemple, le serre de trop près ou quand vous lui parlez un peu brutalement. Lorsque le chien le fait, il est important de le prendre en compte et de cesser ce que vous étiez en train de faire.

• **Vous:** Pas facile à faire par l'humain…

L'appel au jeu

Certains signaux d'apaisement peuvent être mal interprétés : c'est le cas du bâillement, comme nous le verrons, et de l'appel au jeu.

• **Le chien:** Ainsi, certains humains trouvent que leur chien est limite provocant quand il se met en position d'appel au jeu alors qu'ils sont « fâchés » après lui. En fait, dans ce cas, le chien ne se met pas dans cette position (pattes avant descendues et corps incliné) parce qu'il veut jouer, mais pour désamorcer la situation, un peu tendue.

• **Vous:** Vous pouvez vous aussi désamorcer une situation tendue ou donner envie à votre

chien de venir vers vous en pliant les genoux et/ou en tapotant vos mains sur vos genoux ou au sol.

S'asseoir

• **Le chien:** Quand votre chien s'assoit à l'approche d'un congénère, il lui envoie un signal d'apaisement. Il peut aussi le faire quand vous criez pour le faire venir.

• **Vous:** Si vous avez des invités et que votre chien est inquiet, faites-les asseoir! Dans le même ordre d'idées, si votre chien semble stressé, asseyez-vous et laissez-le venir à vos côtés.

Se coucher

• **Le chien:** Se coucher le ventre par terre est un acte apaisant. Le chiot le fait par exemple si un jeu lui semble trop brusque, s'il en a assez du jeu ou si les autres chiens présents s'agitent trop.

• **Vous:** Pas vraiment conseillé, notamment face à un chien inconnu.

Bâiller

• **Le chien:** Ce signal, comme l'appel au jeu, est parfois mal compris: il ne signifie pas forcément que votre chien est fatigué. En fait, le chien bâille souvent en situation d'inconfort: chez le vétérinaire, si vous le tenez trop serré, si une dispute éclate dans la maison...

• **Vous:** Vous pouvez facilement utiliser ce signal pour apaiser votre chien s'il est agité ou stressé. Sans compter que cela va vous détendre au passage!

Les signaux de détente et de contentement

Le chien utilise également son corps et des expressions pour exprimer son bien-être.

Se coucher le ventre en l'air

Si votre chien se met sur le dos c'est qu'il se sent bien et s'il bouge dans tous les sens, c'est qu'il s'offre un petit grattage du dos pas cher! Attention! Il ne vous demande pas forcément de le caresser. Dans la situation de la photo ci-dessus, le chien est détendu (la tête, les pattes et la queue sont détendues). *A contrario*, un chien avec la queue rabattue sur le ventre serait mal à l'aise.

La queue qui bouge

Attention à la croyance populaire qui dit qu'un chien qui remue la queue est forcément content. Ce n'est pas le cas! Un chien content a une queue détendue qui a une grande amplitude de mouvement de droite à gauche avec un battement plus marqué à droite.

Se coller à vous, vous donner un petit coup de tête, un petit coup de truffe

Même si là aussi tout dépend de la situation, le chien peut se coller à vous en cas de danger pour se rassurer. Tout est fonction du tempérament de votre chien et du moment de la journée. Certains chiens aiment venir se lover dans les bras de leurs humains pour une séance câlin. Le chien est alors calme et son corps détendu.

Les caresses

Vous pensez peut-être que le chien aime les caresses, que les caresses que vous lui prodiguez lui procurent du bien-être et qu'il va donc uniquement manifester des signaux de bien-être. Pas forcément. Les chiens n'aiment pas toujours être caressés et quand ils aiment, ils en ont parfois assez, ce qu'ils vont montrer au moyen des signaux... d'apaisement.

Votre chien peut donc manifester au cours de la séance de câlins plusieurs signaux, de contentement et de refus:

Votre chien est à vos côtés. Vous tendez la main pour le caresser au niveau du poitrail ou sur les côtés.

- **Cas 1:** Votre chien tourne la tête, se lèche la truffe, bâille... Il est mal à l'aise et n'a pas envie d'être caressé. La séance de câlins est remise à plus tard.

- **Cas 2:** Votre chien se colle à vous, vous tend la patte... Vous pouvez continuer mais, de temps en temps, arrêtez de le caresser et ne bougez plus.

  1re possibilité: Votre chien vous tend la patte, vous gratte la main ou se colle à vous. Il vous demande de continuer.

  2e possibilité: Votre chien regarde ailleurs, se détourne, s'en va. La séance de câlins est terminée.

CONSEIL

Moins vous ferez subir de caresses imposées à votre chien et plus il appréciera les caresses.

LES PRÉPARATIFS

À LA MAISON

LA DÉCOUVERTE DES AUTRES

LES SORTIES

JEUX ET LOISIRS

SOS

FICHE 7

L'alimentation

Aujourd'hui, on sait que l'alimentation est cruciale pour la santé des chiens, et notamment des chiots. Pâtée humide, croquettes, viande crue..., le choix est large et pas toujours facile à faire. Sans compter que certains aliments sont interdits sous peine de maladies et que la nourriture ne suffit pas : le chien a également besoin d'un mode d'alimentation adapté et d'activités masticatoires.

CONSEILS

- *Si vous avez adopté un chiot dans un refuge ou s'il vient de chez quelqu'un, demandez ce qu'il mangeait et ne changez sa nourriture que très progressivement.*
- *Même chose si vous changez un jour de mode d'alimentation ou de marque : allez-y progressivement. Au cours de cette transition, surveillez les selles de votre chien.*

La nourriture

Deux solutions s'offrent à vous :

- des aliments secs (croquettes)
- des aliments humides (pâtée, Barf, ration ménagère).

Les aliments humides

• La pâtée

Les chiens aiment la pâtée, alimentation industrielle humide généralement très appétente ayant une teneur élevée en eau. En revanche, elle ne répond pas aux besoins de mastiquer du chien. Il faudra donc compenser en lui donnant des « friandises masticatoires » (*cf.* page 36).

• Le Barf

Le Barf est une alimentation naturelle crue composée de viandes sans os, d'os charnus, de fruits et légumes, d'abats, d'huile et de suppléments (œuf, levure de bière...). Très digeste, il convient bien au chien qui est un carnivore, et notamment aux chiens à la digestion sensible. Renseignez-vous avant de vous lancer : des sites internet aident à calculer les rations ; des vétérinaires nutritionnistes peuvent vous aider. Vous verrez qu'il existe des avantages (digestif, masticatoire, gustatif, peu calorique) et des inconvénients (organisation, risque si mal préparé...) : à vous de trancher !

• La ration ménagère

Cela revient à préparer les repas de son chien comme on prépare les siens.

Une ration ménagère idéale se compose de protéines (viande ou poisson), de légumes cuits, de pâtes ou de riz bien cuits, de

complément minéral vitaminé et d'un peu d'huile végétale.
Le chien a besoin d'environ 40 nutriments par jour... Pour ne pas faire d'erreurs si vous optez pour la ration ménagère, vous pouvez consulter le site internet Cuisine à Crocs : www.cuisine-a-crocs.com/fr.

Les aliments secs : les croquettes

Alimentation industrielle sèche, la croquette nécessite que l'on donne beaucoup d'eau à son chien. Les humains nourrissent souvent leur chien ainsi car ils y trouvent beaucoup d'avantages : facilité d'achat et d'utilisation, absence d'odeurs, ne pourrit pas si le chien en laisse...
Mais les croquettes, surtout si elles sont mal choisies, ont aussi des inconvénients :

- peu d'éléments nutritifs dedans, surtout si elles sont de mauvaise qualité
- aliments secs poussant le chien à boire
- risque que le chien se lasse plus facilement qu'avec l'alimentation humide...

Pour choisir des croquettes de qualité, vous pouvez consulter la page Facebook : *Croquettes pour chiens et chats : comment choisir ?*

Et aussi...

• L'herbe

Certains chiens mangent plus d'herbe que d'autres. Stress, mal au ventre, plaisir... peuvent expliquer ce geste.

• L'eau

Votre chien doit toujours avoir une gamelle d'eau fraîche à disposition. Privilégiez une gamelle en céramique (le plastique garde les odeurs). Vous pouvez également opter pour une fontaine d'eau électrique qui filtre l'eau en permanence.

Le mode d'alimentation

Nombre de repas par jour

Un chiot doit avoir 3 repas par jour jusqu'à la fin de sa croissance, où il pourra passer à 2 repas.

Le calme

Donnez-lui son repas dans une pièce ou un endroit calme où il ne sera pas dérangé (par les humains ou par un animal). Ne touchez pas à sa gamelle tant qu'il mange, ne le touchez pas et ne lui retirez pas la gamelle sous prétexte de l'habituer pour éviter un accident si un jour un enfant s'approche de la gamelle. Cela aurait l'effet inverse car le chien se méfierait de plus en plus de l'humain, ce qui peut en outre le pousser à vouloir défendre son repas.

Si votre chiot est excité quand il vous voit préparer son repas ou s'il mange trop vite :
- mettez-le dans une autre pièce le temps de tout préparer
- apprenez-lui à rester à sa place
- donnez-lui une gamelle anti-glouton qui ralentit la prise de nourriture. Si vous avez un jardin, vous pouvez répandre les croquettes dans l'herbe pour ralentir la prise du repas. Sans compter que ce sera un jeu de flair intéressant pour votre chiot.

Les friandises et les activités masticatoires

Vous pouvez donner au chiot des friandises, utiles notamment lors des apprentissages. Il a aussi besoin d'activités masticatoires journalières répondant à son besoin de mastiquer.

Les friandises

Comme on l'a vu, le système de récompense associe souvent une récompense orale « yes, bravo... » à une friandise. Cette dernière doit être appétente. Ce peut être des dés de jambon, de fromage, des morceaux de la célèbre saucisse sous plastique, des morceaux de dinde séchée, du pâté de foie en tube...
À vous de trouver ce qui plaît à votre chiot !

Les activités masticatoires

Un chien, même petit, a besoin d'avoir des activités masticatoires pour son équilibre, sans compter qu'il adore ça. **Il devrait en moyenne mastiquer 1 h par jour !** Comme l'alimentation de type pâtée ou croquettes ne lui permet pas de mastiquer lors de son repas, il faut lui donner des « aliments » (os, friandises...) ou des « objets » (jeux...) à mâcher, ronger, pour éviter qu'il ne s'attaque à votre mobilier à la place. De plus, la mastication limite le tartre sur les dents, aide le chiot quand il fait ses dents, le défoule et l'apaise.

LES ALIMENTS ET LES PLANTES TOXIQUES

Certains aliments et plantes sont nocifs, voire mortels, pour les chiens. Il ne faut pas leur en donner et éviter qu'ils puissent y avoir accès. Voici les plus importants :

Les aliments
- *les excitants : café, alcool*
- *les oignons (crus, cuits, déshydratés)*
- *le chocolat (et le sucre en général) 50 g de chocolat noir peuvent tuer un chien de 5 kg en quelques heures...*
- *les raisins*
- *les avocats*
- *la pomme de terre crue.*

Les plantes

Tulipes, bégonia, gui, lupin, muguet...

Sans oublier
- *certains médicaments non adaptés au chien et/ou à son poids*
- *les produits ménagers*
- *les insecticides, les souricides, les raticides...*

• **Les os**

Des os charnus crus (comme les cous de dinde ou de poulet) peuvent être donnés au chiot. La taille doit être adaptée au chien afin qu'il le mâche avant de l'avaler. Si votre chien est aux croquettes, il faudra s'assurer que cela ne perturbe pas son système digestif (certains chiens sont plus sensibles que d'autres).
Vous pouvez aussi donner des os séchés: cous de dinde ou de poulet que vous trouverez en magasin spécialisé.

• **Les « friandises masticatoires »**

Il en existe beaucoup qui permettent au chiot de répondre sans danger à son besoin de mastication: les oreilles de porc ou de bœuf, les tendons de bœuf, les oreilles de lapins, avec ou sans poils, les pattes ou estomacs de poulet séchés, le fromage de yak (fait également avec du lait de vache), un fromage très dur que beaucoup de chiens aiment ronger, le bois de cerf (achetez autant que possible des bois recueillis après le rut des cerfs), la corne de buffle...
Ce sont des friandises naturelles pauvres en graisse qu'on trouve en magasins spécialisés. Certaines se mangent plus vite que d'autres, comme les pattes de poulet; d'autres se rongent de temps en temps, comme la corne de buffle. À vous de voir ce que préfère votre chien!

CONSEILS

- *Vérifiez, surtout la première fois, que votre chiot n'avale pas ce que vous lui donnez pour mastiquer sans mâcher ou ronger.*
- *Donnez-lui quelque chose adapté à la taille de sa gueule.*
- *Comme pour la nourriture, ne reprenez pas à votre chiot ce que vous lui avez donné, les « friandises masticatoires » ayant souvent une très forte valeur pour le chien.*

• **Les « objets »**

C'est utile mais, évidemment, c'est moins « bon »: les cordes à mâchouiller, les os en caoutchouc, le bois d'olivier, les tapis de léchage (un bol ou une petite plateforme avec des petits reliefs sur lesquels on tartine du fromage, du pâté... qui occupe et détend le chiot), le Kong que l'on fourre et qui peut également être congelé pour occuper le chiot plus longtemps ou le rafraîchir en été.

Les activités masticatoires permettront à votre chiot de moins stresser en votre absence.

FICHE 8

L'apprentissage de la solitude

Vivre avec les humains implique que le chiot sache rester seul. Régulièrement, vous serez en effet amené à le laisser à la maison pour aller travailler, faire vos courses… L'apprentissage de la solitude est donc un apprentissage essentiel qui doit permettre au chiot de bien vivre les moments où il sera seul.

Les bases

Retour des RTT

Comme évoqué précédemment, il est préférable de prévoir des jours de repos après l'arrivée du chiot. Ils vous permettront d'être disponible pour amorcer les apprentissages de base comme celui de la solitude.

Patience

Cet apprentissage doit se faire progressivement afin que le chiot ne stresse pas lorsqu'il est séparé de vous et qu'il soit serein lorsqu'il est seul.

L'apprentissage

L'habituation à la solitude se travaille d'abord à la maison au quotidien, quelques jours après l'arrivée du chiot. Fermez les portes lorsque vous changez de pièce (quelques secondes les premières fois) pour habituer le chiot à ne pas vous suivre en permanence. Vous pouvez lui donner quelque chose à ronger ou un tapis de fouille avant de changer de pièce pour l'occuper. Si le chiot est resté calme pendant votre courte absence, vous pouvez le féliciter calmement (restez sobre !).

La pratique

À présent que le chiot est serein lorsque vous êtes dans une autre pièce, vous pouvez commencer à l'habituer à rester seul à la maison. **Faites-le très progressivement** en commençant par des absences de courte durée (environ 10 min) et en augmentant peu à peu la durée de vos absences.

Avant toute chose

Lorsque le chien va devoir rester longtemps tout seul, il est impératif de prévoir du temps pour aller le promener avant afin de répondre à son besoin de dépense. Cela l'aidera à être plus calme et plus détendu durant votre absence. Faites avec lui une promenade où il pourra renifler à sa convenance, une balade sans excitation. Si vous êtes absent trop longtemps, vous pouvez faire appel à un promeneur de chiens qui viendra à domicile, ira promener votre chiot et le ramènera. Votre chiot n'aura pas le temps de s'ennuyer et il n'aura pas à se retenir trop longtemps. Si vos absences génèrent trop de stress pour votre chiot, contactez un(e) comportementaliste.

La préparation de la maison

Quand vous vous absentez, vous pouvez limiter l'espace du chiot pour éviter qu'il ne déambule dans toutes les pièces et d'avoir trop de nettoyage à votre retour si le chiot n'est pas encore propre. Cela ne veut pas dire mettre le chiot en cage ! Laissez-le dans la pièce où il a l'habitude d'être et dans laquelle il est à l'aise en limitant l'accès aux autres pièces en fermant les portes ou en mettant des barrières à bébé. Ainsi, le chiot sera en sécurité tout en

ayant accès à ses jouets, à sa gamelle d'eau, et il pourra se dégourdir les pattes quand il le souhaite. Rangez également tout ce qui a de la valeur pour vous.

L'information

Lorsque vous vous préparez à partir, dites au chien s'il vient ou non. Vous pouvez associer à votre départ une phrase pour qu'il comprenne qu'il va rester (par ex. : « tu restes, je reviens ») ou qu'il vient (par ex. : « allez, on y va »).

L'association à quelque chose de positif

Associez votre départ à quelque chose d'agréable. Vous pouvez lui donner un nouveau jouet, de quoi mastiquer (oreilles séchées, tendon...), un kong fourré... Cela va l'occuper et l'aider à se détendre. Votre départ sera ainsi associé à quelque chose d'agréable. Pensez d'ailleurs toujours à lui laisser des choses pour s'occuper afin d'éviter que le temps ne lui paraisse trop long.

Vous pouvez également organiser une chasse aux trésors dans la pièce où il va rester (cela doit être une pièce dans laquelle il se sent bien) pour l'occuper : cachez des friandises et des jouets avec des boules de papier journal dans un carton ou une boîte à chaussures. Vous pouvez également cacher des jouets ou des friandises à différents endroits de la pièce.

Le retour

Si le chiot est très excité quand vous rentrez, restez calme pour éviter de l'exciter davantage et de renforcer ce comportement. Cela vous évitera également les « pipis d'émotions » (le chiot qui se fait pipi dessus quand les humains arrivent). Une fois qu'il est plus calme, vous pouvez lui proposer un câlin et une balade pour le récompenser.

CONSEIL

Ne surinvestissez pas le chiot en lui faisant plein de câlins ou en jouant trop avec lui avant de partir car la solitude n'en sera que plus difficile à supporter pour lui.

Les mauvaises méthodes

- **Retirer l'eau.** Le chiot a besoin d'avoir un accès permanent à l'eau. S'il a tendance à renverser sa gamelle d'eau, sachez qu'il existe des gamelles lestées pour éviter ce désagrément.
- **Gronder le chiot qui a fait ses besoins ou « des bêtises » durant votre absence.** C'est inutile et néfaste pour votre relationnel. Punir/gronder le chiot ne lui permet pas d'apprendre les bons comportements.
- **L'enfermer dans une pièce qu'il ne connaît pas ou dans laquelle il n'est pas à l'aise.** Cela va le stresser et il va mal vivre votre absence.
- **L'enfermer dans une caisse/cage,** comme nous en avons déjà parlé.
- **Attendre de reprendre le travail pour habituer votre chiot à rester seul.** Il est primordial d'amorcer l'apprentissage avant de devoir laisser son chiot seul par obligation. Il faudra bien sûr entretenir l'apprentissage en laissant volontairement le chiot seul de temps en temps si vous êtes tout le temps avec lui.

Attention au chien laissé seul dans le jardin. Il y a de plus en plus de vols de chiens dans les jardins.

FICHE 9

L'apprentissage de la propreté

Accueillir un chiot à la maison implique de lui enseigner certaines règles comme la propreté. Le chiot apprend avec sa mère à ne pas faire ses besoins là où il dort et mange, mais vivre avec des humains implique qu'il apprenne à se retenir pour faire ses besoins à l'extérieur.

Le chiot mode d'emploi

Capacité du chiot à se retenir

Le chiot ne peut pas se retenir trop longtemps. Les sphincters du chiot étant immatures, il lui est impossible de se retenir de nombreuses heures. Il va donc falloir se montrer patient et disponible durant l'apprentissage de la propreté.

La fréquence des besoins du chiot

Un chiot se soulage après avoir dormi, après avoir mangé ou bu, après avoir joué et toutes les 2 h.

Les mauvaises attitudes

Punir le chiot

Lorsque le chiot fait ses besoins, c'est quelque chose de naturel pour lui. Le gronder va nuire à votre relationnel et apporter de l'incompréhension. Le chiot qui se fait réprimander lorsqu'il fait ses besoins va comprendre qu'il ne faut pas faire devant les humains. Donner des coups de journal pour le punir ou mettre sa truffe dans son pipi sont des méthodes contre-productives.

L'utilisation d'une alèse

L'utilisation d'alèse ou de tapis de propreté ralentit l'apprentissage. En utilisant des alèses à l'intérieur de l'habitat pour que

votre chiot fasse dessus, vous ralentissez son apprentissage à faire ses besoins à l'extérieur. En effet, l'utilisation de l'alèse ne permet pas au chiot d'apprendre à se retenir pour faire à l'extérieur. Il va faire sur l'alèse à disposition, quand il en aura envie, alors que nous souhaitons qu'il se retienne pour faire à l'extérieur.

L'utilisation d'une caisse

Il n'est pas nécessaire d'enfermer son chiot en caisse/cage pour lui apprendre la propreté, comme nous en avons déjà parlé dans la fiche consacrée à l'arrivée du chiot. Cette technique est souvent proposée parce que le chiot se retient pour ne pas faire là où il se trouve et parce qu'elle facilite du coup le quotidien en épargnant la corvée de nettoyer les pipis du chiot dans toute la pièce. Mais pourquoi imposer cela au chiot alors qu'il suffit que l'humain soit attentif et qu'il anticipe ? De plus, le chiot ne sera pas bien dans un petit espace et il sera plus difficile pour l'humain de voir quand il commence à avoir envie (souvent, juste avant de faire, le chiot tourne sur une petite zone et renifle le sol). Vous pouvez néanmoins limiter l'espace en fermant des portes pour qu'il n'ait pas accès à toutes les pièces de l'habitation et retirer les tapis pour ne pas prendre le risque qu'ils soient souillés.

La restriction d'eau

Ne retirez pas l'eau dans l'espoir de faire diminuer les pipis durant la nuit. Le chiot doit avoir un accès à de l'eau propre en permanence.

I ♥ SLP

La bonne attitude

Anticipation, patience et persévérance

Ces trois mots doivent vous guider durant les semaines à venir pour l'apprentissage de la propreté.

En cas d'accident

Si le chiot a fait ses besoins à l'intérieur, que ce soit en votre présence ou en votre absence, ignorez ce comportement. Vous nettoierez une fois qu'il aura terminé (en dehors de sa présence pour éviter qu'il ne prenne la séance de nettoyage pour du jeu et pour ne pas donner de l'importance à ce comportement) et, la prochaine fois, vous anticiperez pour le sortir avant qu'il ait envie.

En pratique

Le rythme des sorties

Pour faciliter l'apprentissage de la propreté, sortez-le :
- toutes les 2 h
- après les repas et la prise d'eau
- après les moments de jeux, d'excitation
- quand il se réveille (y compris après la sieste).

Les lieux des sorties

Sortez-le dans des lieux où il y a de la verdure. Beaucoup de chiots préfèrent l'herbe au bitume pour se soulager.

La durée des sorties

N'écourtez pas la balade une fois qu'il a fait, au risque qu'il associe que faire ses besoins entraîne un retour à la maison. Sinon, la prochaine fois, il va se retenir pour que la sortie dure plus longtemps…

Bravo !

Lorsqu'il a fait ses besoins, félicitez-le. Vous pouvez associer une friandise à votre félicitation.

Le jardin

Si vous vivez en maison avec un jardin, ne lui laissez pas l'accès libre au jardin. En effet, le chiot va apprendre à faire dehors quand il le souhaite et non à se retenir. C'est à vous d'inviter le chiot à sortir et d'ouvrir l'accès au jardin. Accompagnez-le pour pouvoir le féliciter lorsqu'il fait ses besoins.

Les petits plus

Les RTT

Prévoir des jours de disponibilité lorsque le chiot arrive à la maison permet d'amorcer l'apprentissage de la propreté. Un chiot laissé seul quatre ou huit heures alors qu'il vient d'arriver va mettre plus de temps à comprendre ce que l'humain attend de lui.

La régularité

Permettre au chiot de faire systématiquement dehors dès le début et le féliciter quand il fait dehors lui donnera envie de reproduire ce comportement. Très rapidement, l'apprentissage se mettra en place.

CONSEILS

- *Sortir le chiot la nuit quand il se réveille facilite l'apprentissage de la propreté.*
- *Évitez les lieux trop stimulants (avec congénères, humains, gibiers…) car le chiot risque de penser à autre chose qu'à faire ses besoins.*
- *Évitez les lieux qui lui font peur. Un chiot qui a peur va se retenir pour faire à la maison, là où il se sentira en sécurité.*

FICHE 10

Les soins de base

Il est important d'habituer son chiot à être touché un peu partout et à accepter sans stress les soins de base afin que, par la suite, en cas de problèmes, on puisse lui administrer des soins plus complexes. Si le chiot est habitué dès son plus jeune âge, il y aura moins de risques qu'il refuse certains soins. Il y prendra même plaisir si on applique les principes du medical training.

CONSEILS

- *Ne lésinez pas sur les friandises et sur les récompenses verbales. Le jeu en vaut la chandelle!*
- *Travaillez avec de petites friandises humides ou sèches comme des dés de jambon, de fromage, du poulet séché...*
- *Progressez par étapes.*
- *Faites des séances courtes, pas plus de 15 min environ, voire moins avec un chiot.*
- *Soyez patient!*
- *Terminez toujours sur une réussite.*

Le *medical training*

Le *medical training* ou entraînement médical a d'abord été utilisé dans les zoos. Cette méthode vise à faciliter les soins de l'animal qui, n'étant pas stressé et participant même aux soins, ne met personne en danger. Des exercices quotidiens où l'animal est récompensé pour sa participation permettent d'entraîner l'animal à considérer les soins comme un jeu. On peut utiliser cette technique avec les animaux de compagnie comme les chiens et les chats. Pour cela, lorsqu'on touche l'animal ou qu'on le soigne, on associe le geste à quelque chose de positif: friandise, récompense verbale « oui, bravo, yes... », caresse... Du coup, l'animal accepte de se laisser toucher, brosser. Les soins sont faits avec la totale collaboration du chien. C'est lui qui décide s'il est d'accord ou non pour qu'on le touche.

Quelques soins de base

Le toucher

Habituez votre chiot à être touché partout: sur la queue, sous les pattes... C'est la base.

Exercice à faire sur plusieurs jours

- Invitez votre chiot à venir vers vous. Vous pouvez poser un tapis pour qu'il se place dessus.
- Commencez par un toucher bref et léger le long de la patte en terminant par le bout de la patte. Récompensez votre chiot.

- Recommencez.
- Puis, 1 ou 2 jours plus tard, quand le chien accepte ce toucher de quelques secondes, touchez plus longuement la patte tout en regardant votre chiot. S'il réagit au moyen d'un signal d'apaisement (*cf.* fiche 6), arrêtez-vous immédiatement.
- Faites par la suite la même chose sur une autre partie du corps.

Si votre chiot est à l'aise, vous pouvez travailler différentes zones du corps à la suite.

Le brossage du poil

Apprendre à son chiot à être brossé régulièrement permettra sans stress de lui enlever les poils morts, surtout quand il commence à faire chaud, sans compter que cela peut être un moment agréable à partager et que cela est nécessaire pour certaines races de chiens.

Exercice à faire sur plusieurs jours

- Mettez la brosse au sol et des friandises autour.
- Appelez votre chiot « Médor, tu viens » d'un ton chaleureux. Quand il vient, donnez-lui une friandise.
- Recommencez jusqu'à ce que votre chiot n'ait plus peur de la brosse. Peu à peu, prenez la brosse en main et approchez-la de son épaule. Récompensez.
- Quelques jours plus tard, brossez-le doucement tout en le félicitant de la voix puis donnez-lui une friandise.
- Quand la séance du jour est terminée, récompensez votre chien par des caresses, un jeu, une balade ou une friandise.

CONSEILS

- *Faites-le quand votre chien est calme.*
- *Faites-le avec douceur !*
- *Ne cherchez pas à tout démêler d'un coup.*
- *Certaines brosses ont également un effet massant.*

- Peu à peu, brossez-le de plus en plus longtemps en vérifiant toujours qu'il est d'accord.

Appliquez le même principe pour l'apprentissage de la douche (accepter la baignoire, habituation à l'eau, au shampooing, au séchage). Pour plus d'informations, vous pouvez consulter notre ouvrage chez le même éditeur : *Rendre son chien heureux*. Vous y trouverez aussi le protocole pour couper les griffes.

Le nettoyage des oreilles

Exercice à faire sur plusieurs jours

- Mettez la bouteille de produit au sol et félicitez le chiot quand il s'en approche.
- Une fois le chiot à l'aise avec la bouteille, vous pouvez placer un tapis au sol et l'inviter à venir dessus : « Médor, tu viens. » Félicitez-le. Vous pouvez lui donner une friandise.
- Approchez peu à peu la bouteille de son oreille sur plusieurs séances. Félicitez-le et récompensez-le à chaque fois qu'il ne bouge pas quand vous approchez la bouteille de son oreille.
- L'étape suivante consiste à garder le flacon fermé et à approcher le bouchon du flacon contre l'entrée du conduit auditif. Cela habitue le chiot à sentir que quelque chose touche le conduit de son oreille et à entendre le bruit du liquide de la bouteille. Comme précédemment, félicitez-le à chaque fois. Vous pouvez aussi le récompenser.

- Une fois le chiot à l'aise avec l'étape précédente, vous pourrez retirer le bouchon et appliquer quelques gouttes dans le conduit avant de le féliciter et de le récompenser.
- Massez sous l'oreille afin que le produit pénètre bien dans le conduit et utiliser une compresse pour retirer les saletés qui remontent du conduit. Félicitez-le et récompensez-le. Si le chiot se méfie de la compresse, refaites les mêmes étapes que celles effectuées pour l'habituer à la bouteille pour l'habituer à la compresse.

Le nettoyage des pattes

Il est utile d'habituer le chiot aux manipulations des pattes pour pouvoir les essuyer quand on rentre de balade et qu'il est mouillé, ou pour des soins, s'il se blesse un jour.

Exercice à faire sur plusieurs jours

- Faites le premier exercice pour l'habituer au toucher en vous concentrant sur la zone des pattes et des coussinets. Peu à peu, habituez-le à vous laisser sa patte de plus en plus longtemps. Pour cela, augmentez le temps entre le moment où il vous laisse toucher la patte et le moment où vous le félicitez.
- Par la suite, prenez une petite serviette et recommencez l'exercice depuis le début, en vous servant de la serviette pour toucher la patte. Progressivement, vous pourrez frictionner la patte et les coussinets. **Si le chiot a tendance à vouloir jouer avec la serviette, habituez-le, dans un premier temps, à laisser la serviette :** approchez la serviette et récompensez-le quand il ne la prend pas en gueule. Il comprendra qu'il est plus intéressant de ne pas jouer avec la serviette.

Se coucher sur le côté

L'exercice permet d'apprendre au chien à se coucher sur le côté, ce qui facilite les soins des pattes ou du ventre.

Exercice à faire sur plusieurs jours

- Lorsque votre chien est couché « en sphynx », prenez une friandise, placez-la devant son museau et déplacez votre main comme si vous souhaitiez qu'il regarde en arrière (le chiot doit suivre la friandise avec son museau en restant couché). Lorsque vous allez arriver vers l'arrière de son crâne, il va commencer à basculer sur le côté. Vous pouvez alors lui donner la friandise. C'est ainsi qu'il va apprendre à se coucher sur le côté.
- Refaites l'exercice plusieurs fois en utilisant une demande verbale « côté/fais le mort », puis faites l'exercice sans friandise dans la main et récompensez-le une fois qu'il est couché sur le côté.

CONSEILS

- *Ne vous énervez pas et ne le grondez pas s'il bouge. Cela doit rester un jeu. On avance au rythme du chiot. Faites des petites séances et arrêtez-vous avant que votre chiot en ait assez.*
- *Pensez à toujours féliciter verbalement avant de donner la friandise.*
- *Dites-lui quand l'exercice est terminé.*

LES PRÉPARATIFS

À LA MAISON

LA DÉCOUVERTE DES AUTRES

LES SORTIES

JEUX ET LOISIRS

SOS

FICHE 11

Instaurer une relation de confiance avec les humains

Le chiot qui arrive dans une famille d'humains va devoir comprendre comment bien communiquer et comment se faire comprendre. Ce n'est pas évident car l'humain est bien différent des chiens, ce qui peut générer des incompréhensions mutuelles. Accompagner au mieux le chiot lors de cette découverte est primordial.

Les bases

Une éducation respectueuse et bienveillante

Tout d'abord, et ceci est valable pour tous les apprentissages, il faut adopter une éducation respectueuse et bienveillante où les bons comportements sont encouragés et les comportements jugés inopportuns ignorés ou redirigés. Cette éducation, défendue dans ce livre, est expliquée fiche 1.

La connaissance des signaux d'apaisement

Pour instaurer une relation de confiance avec votre chiot et comprendre ce qu'il vous dit, vous devez également connaître les signaux d'apaisement qu'il utilise. Les principaux signaux sont expliqués dans la fiche 6.

La notion de guide

Vous devez être le guide de votre chien et non un pseudo dominant qui doit s'imposer et imposer des choses au chien. **Cohérence, patience, respect et bienveillance** doivent vous guider pour accompagner votre chiot dans sa découverte du monde.

Les inconnus

Le chiot doit côtoyer d'autres personnes que vous pour se familiariser avec les humains. Il faut donc lui permettre de rencontrer des femmes, des hommes et des personnes de couleurs de peau différentes. Ne côtoyer que les membres du foyer n'est pas suffisant pour lui permettre de bien vivre les rencontres avec des inconnus dans la rue ou à votre domicile. Les premières rencontres étant primordiales, il faut les choisir soigneusement et faire en sorte qu'elles se passent bien : privilégiez des personnes calmes qui prendront en compte vos recommandations.

La bonne méthode

Laisser le chiot venir au contact : demander à la personne de ne pas caresser le chiot sans

lui avoir demandé son accord au préalable (*cf.* le test du consentement à la caresse p. 31) et de ne pas faire de geste brusque lorsque le chiot s'approche. S'il ne souhaite pas venir au contact, ne pas le forcer.
Félicitez-le lorsqu'il va vers la personne inconnue pour l'encourager.

Les mauvaises attitudes

- **Tenir le chiot dans ses bras** pour que la personne inconnue le caresse. Le chiot va se sentir pris au piège et il ne pourra pas s'extraire de la situation si elle est inconfortable pour lui.
- **Exciter le chiot.** Cela renforcerait le comportement d'excitation lors des prochaines rencontres avec des humains.
- **Caresser le chiot avant qu'il n'ait pu renifler la personne** et ne pas s'assurer qu'il souhaite vraiment être caressé. Ce n'est pas parce qu'un chiot vient au contact qu'il souhaite être touché.
- **Emmener le chiot dans des lieux pleins de monde.** Il s'agit d'habituer le chiot à côtoyer d'autres humains mais pas de le sensibiliser en l'immergeant dans un environnement trop stressant. Allez-y progressivement et emmenez d'abord votre chiot dans des rues calmes avec peu de passage. Vous pourrez progressivement l'emmener dans des lieux plus passants.

Les enfants

Il arrive que le chiot qui ne côtoie pas d'enfant au sein du foyer en ait peur. En effet, les enfants gesticulent plus que les adultes et ils peuvent parler fort et crier, ce qui peut faire peur à certains chiots. Il est donc important que les premiers enfants rencontrés soient plutôt calmes et qu'ils ne forcent pas le contact.

La bonne méthode

Lorsque vous croisez un enfant calme qui souhaite caresser votre chiot, demandez à l'enfant d'appeler le chiot et de le laisser venir à lui. Vous pouvez rester aux côtés du chiot si cela le rassure. Puis demandez à l'enfant de ne pas caresser le chiot quand il s'approche, mais de le laisser lui flairer la main. Si le chiot est à l'aise, l'enfant peut lui proposer une légère caresse sur le poitrail ou sur le côté de l'épaule (pas sur le dessus de la tête) et voir si le chiot redemande du contact en s'appuyant contre sa main. Si c'est le cas, l'enfant peut le caresser à nouveau. Félicitez le chiot.

Il est important que l'enfant n'excite pas le chiot, sinon le chiot pourrait sauter et mordiller l'enfant. Cela pourrait être dangereux et mettrait le chiot en échec. Ce n'est pas le but puisqu'on fait toujours en sorte en éducation bienveillante et positive de proposer des situations qui favorisent les bons apprentissages pour pouvoir les renforcer et générer des expériences positives.

POUR INFO

La présence d'un chien dans un foyer avec enfant est très bénéfique. L'enfant va apprendre le respect, le partage, les responsabilités... et de très belles complicités peuvent se développer.

Les mauvaises attitudes

- **Emmener le chiot à la sortie de l'école.** C'est un environnement qui peut être très stressant pour un chiot. L'excitation des enfants qui sortent de l'école, le bruit, les voitures qui s'arrêtent et klaxonnent, les cartables à roulettes..., tout ceci peut lui faire peur. Le chiot risque par ailleurs d'être bousculé, les enfants pouvant arriver sur lui en courant pour le caresser. Pour certains chiots, ce serait trop d'un coup et cela aboutirait à l'inverse de l'effet escompté. En effet, au lieu de familiariser le chiot aux enfants, si la situation est mal vécue, le chiot risque d'en avoir peur. Avant de vouloir emmener son chiot à la sortie de l'école, il faut progressivement l'habituer aux enfants en le mettant en contact avec des enfants calmes et à l'écoute de nos recommandations.
- **Tenir le chiot au collier ou l'avoir dans les bras pour que l'enfant le caresse.** Le chiot doit avoir le choix de venir ou non au contact de l'enfant. Il ne faut jamais l'obliger à recevoir une caresse.

Le chien ne doit être en présence d'enfants que sous la supervision d'adultes, même s'il les connaît.

L'arrivée de bébé

À la maison, installer des barrières à bébé, des grands parcs, permettra d'avoir des pièces/zones où l'on peut s'occuper de l'enfant, le laisser jouer au sol, sans avoir à superviser en permanence les échanges enfant-chien. La barrière empêche le chien de venir sans pour autant l'isoler complètement. Bien évidemment, dès qu'on est disponible, si le comportement du chiot le permet, on le mettra en contact avec l'enfant.

L'arrivée d'un enfant, lorsque l'on a déjà un chien, se prépare en amont. Pour cela, vous pouvez faire appel à un(e) comportementaliste afin de mettre en place les aménagements et un rétroplanning avant l'arrivée de l'enfant. Il faudra également mettre en place des apprentissages qui faciliteront le quotidien une fois bébé à la maison (apprendre au chiot à marcher à côté de la poussette, l'habituer aux cris de bébés (*cf.* ci-dessous), à ne pas venir prendre les jouets de bébé lorsque ce dernier joue sur son tapis d'éveil...).

La bonne méthode

Plusieurs semaines avant l'arrivée de bébé, habituer le chiot à s'occuper seul. En effet, une fois le bébé présent, vous serez moins disponible. Le chiot doit donc savoir s'occuper quand vous vous consacrerez au bébé.

Au moment de l'arrivée de bébé à la maison, laisser le chiot avec une laisse dans la pièce. Tenir le chiot en laisse détendue vous donnera une sécurité s'il venait à trop s'exciter. Lorsqu'il est calme, asseyez-vous avec le bébé dans les bras et laissez le chiot le renifler. Félicitez-le lorsqu'il renifle calmement le bébé. Si vous voyez qu'il commence à s'agiter, vous pouvez vous relever ou demander à une personne de rappeler le chiot et de le féliciter s'il se désintéresse du bébé pour venir la rejoindre.

Les cris/pleurs de bébé pouvant stresser le chien, observez votre chiot, et, au besoin, proposez-lui de changer de pièce. D'où l'importance de l'habituation aux cris/pleurs de bébé les mois qui précèdent son arrivée. Des bandes son disponibles sur Internet permettent d'habituer le chien aux cris/pleurs. Diffusez-les dans un premier temps à faible intensité et en les associant à des activités agréables (jeux, os à ronger...). Un(e) comportementaliste peut vous accompagner pour mettre en place cet exercice.

Lorsque l'enfant est en âge de comprendre, l'adulte doit lui expliquer et le guider dans ses échanges avec le chien.

Les mauvaises attitudes

- Lui faire renifler les vêtements ou les couches de bébé pour qu'il connaisse son odeur. C'est inutile. Les allers-retours du ou de la partenaire entre la maternité et la maison permettent déjà au chiot de sentir les odeurs de bébé. Laissez-le donc renifler le/la partenaire lors de ces allers-retours.
- Tenir le chiot au collier ou l'avoir dans les bras pour lui présenter le bébé.
- Lui présenter le bébé alors qu'il est excité. Mieux vaut lui consacrer du temps avant la rencontre. Prévoyez une balade pour qu'il soit plus calme pour la présentation.
- Faire une présentation alors que le chiot est mal à l'aise, grogne ou a peur. Si cela arrive, faites appel à un(e) comportementaliste.
- Laisser le chien sans surveillance avec le bébé.

FICHE 12

La cohabitation avec d'autres animaux

Votre chiot va peut-être cohabiter avec d'autres animaux de compagnie ou de ferme et il va sans doute croiser des animaux inconnus en balade. L'habituation aux autres espèces animales l'aidera à mieux gérer ses émotions lors de ces rencontres et facilitera la cohabitation au quotidien s'il est amené à vivre avec d'autres animaux.

Avec un autre chien

Réflexions préalables

Vous avez décidé d'adopter un chiot et vous avez déjà un chien. Attention à l'idée reçue qu'un autre chien permet de tenir compagnie à un chien qui s'ennuie. La présence d'un deuxième chien ne permet pas de régler les problèmes de comportement du premier ou votre manque de disponibilité. Vous prenez plutôt le risque d'avoir deux chiens présentant le même problème. Il est donc préférable de s'occuper des problèmes de comportement de votre chien avant d'en adopter un autre. Pour cela, vous pouvez vous faire aider par un(e) comportementaliste. Il/Elle vous aidera également à savoir si une future cohabitation est une bonne chose pour votre chien. Ce n'est en effet pas parce que votre chien joue avec des congénères en balade qu'il a envie de partager son quotidien avec un autre chien.

Avant d'adopter un chiot, réfléchissez aux différences de **gabarit**. Un chiot dogue peut en effet blesser un chihuahua adulte. L'**âge** est également important. Un chien âgé avec des douleurs n'aura pas envie d'avoir un chiot remuant dans les pattes.

Les présentations

Demandez à l'éleveur si vous pouvez emmener votre chien lorsque vous allez récupérer votre chiot afin de faire les présentations. Il pourra vous aider et vous conseiller. Ces présentations doivent se faire à l'extérieur, lors d'une balade.
Dans la voiture, séparez le chiot du chien adulte. L'idéal serait d'être accompagné afin de gérer les deux chiens lors du trajet, des arrêts et de rassurer le chiot durant le voyage.

Si le chien adulte est resté à la maison, lors de votre retour, demandez à une autre personne de vous rejoindre en balade (pas dans votre jardin) avec lui. Les présentations entre votre chiot et le chien peuvent se faire en libre ou en longes détendues. Lors de la rencontre, ne caressez aucun des chiens afin de

leur permettre de communiquer sereinement et de ne pas générer de conflits. Écartez-vous s'ils viennent jouer dans vos pieds. Ne les faites pas jouer en vous mettant à courir ou en lançant un bâton. Laissez-les se rencontrer dans le calme. Une fois la balade terminée, vous pouvez ramener les deux chiens à la maison.

À la maison

Prévoyez plusieurs couchages et des jouets en plus grand nombre afin d'éviter les conflits. En fonction des chiens, les couchages pourront être proches ou un peu éloignés si un des chiens souhaite être plus au calme.

Donnez-leur les repas séparément afin que chaque chien puisse manger sereinement sans craindre que l'autre ne vienne lui prendre sa ration. Retirez les gamelles une fois le repas terminé.

Lorsque vous vous occupez d'un chien ou que vous lui donnez une friandise, nommez toujours le chien afin que le deuxième attende son tour. Comme cela, les chiens savent pour qui est la friandise.

N'hésitez pas à vous faire accompagner par un(e) comportementaliste si des tensions apparaissent.

Avec un chat

Réflexions préalables

Si vous avez un chat et que vous souhaitez adopter un chiot, l'idéal est de choisir un chiot venant d'un élevage où les chiens cohabitent avec un ou des chats. Ainsi le chiot, déjà habitué aux chats, les considérera comme une espèce amie, ce qui minimisera le risque de course-poursuite dans la maison.

Dans le même ordre d'idées, un chat ayant l'habitude de côtoyer des chiens saura plus facilement adapter ses comportements face au nouvel arrivant. Certains chats font ainsi attention à ne pas courir devant un chien pour ne pas déclencher le chien, qui pourrait se mettre à les courser. Pas bête minet !

Quoi qu'il en soit, avant de prendre votre décision, assurez-vous que votre chat ne sera pas perturbé par cette cohabitation. Un chat n'ayant pas l'habitude des chiens peut en effet être très effrayé par l'arrivée d'un chiot et l'inverse est aussi vrai puisque certains chats présentent des comportements de prédation vis-à-vis de chiots de très petite taille. Là encore, consulter un(e) comportementaliste spécialiste du comportement félin pourra vous aider à déterminer si votre chat peut cohabiter ou non avec un chien.

Les présentations

Ne prenez pas le chat dans vos bras lors des présentations. Ne le forcez pas non plus à venir. Laissez le chat gérer la rencontre et venir quand il le souhaite rencontrer ce nouvel arrivant. Il faut également qu'il puisse se réfugier en hauteur si besoin.

Si vous avez des craintes sur l'attitude du chiot vis-à-vis du chat, vous pouvez passer une laisse au chiot et la laisser traîner au sol. Ainsi, en cas d'urgence, vous pourrez le stopper. Félicitez calmement le chiot lorsqu'il se comporte bien avec le chat.

Il est possible que le chat donne des coups de pattes au chiot si ce dernier est trop envahissant. Ne le grondez pas. Il donne des limites au chiot. **Il s'agit de deux espèces n'utilisant pas les mêmes codes de communication,** ce qui peut générer des quiproquos, comme lorsque le chiot prend une mise à distance pour une invitation.

L'aménagement pour une bonne cohabitation

- **Les cachettes**

Le chat doit avoir accès à des cachettes en hauteur pour s'y réfugier si le chien vient à l'embêter. L'idéal serait que le chat puisse circuler dans les pièces sans avoir à marcher par terre s'il le souhaite. Il existe pour cela des passerelles qui se fixent le long des murs. Si le chat n'est pas à l'aise avec le chiot, laissez-lui un accès à une pièce où le chiot ne peut aller.

- **La litière**

Les chiens ont tendance à aller manger les crottes du chat dans le bac à litière. Pour éviter cela, placez le bac hors de portée du chiot. Vous pouvez aussi le mettre dans une pièce où le chat aura accès à partir d'une chatière équipée d'un détecteur de puces électroniques. Le chiot ne pourra pas passer dans la chatière.

Il est primordial que le chiot n'importune pas le chat lorsque ce dernier va à son bac.

- **La gamelle**

Placez la gamelle du chat hors de portée du chiot pour qu'il puisse s'alimenter sans être embêté par ce dernier. Faites également attention si votre chat a tendance à venir près du chien lorsqu'il mange. En effet, certains chiens peuvent très mal vivre la situation et défendre leur gamelle. Si c'est le cas, faites manger le chiot au calme dans une pièce où le chat ne peut aller et retirez la gamelle une fois son repas terminé.

- **Le jardin**

Faites attention car certains chiens n'ont pas le même comportement dans le jardin qu'à l'intérieur. Ils peuvent courser le chat avec lequel ils cohabitent bien à l'intérieur.

Avec les animaux de la ferme

Certains éleveurs ont également des animaux de ferme, ce qui permet d'adopter un chiot déjà habitué à ces animaux.

Si ce n'est pas le cas et si vous avez des poules, des chèvres, des canards..., sachez que tous **les chiots ne vont pas réagir de la même manière**. Certains vont montrer de la curiosité, d'autres de la crainte, certains vont vouloir chasser...

Voilà pourquoi il faut toujours féliciter votre chiot quand il est calme face aux animaux. Au début, vous pouvez le garder en longe, travailler à distance et vous rapprocher progressivement.

CONSEILS

- *Sécurisez la zone des animaux, certains chiens très motivés trouvant des stratagèmes pour y entrer.*
- *Soyez vigilant : une poule qui se met à courir devant un chiot peut déclencher son instinct de prédation.*

Avec les NAC

Les gens apprécient de plus en plus la compagnie des nouveaux animaux de compagnie: furets, chinchillas, lapins... Encore une fois, la vigilance est de mise, certains chiens ayant un instinct de chasse plus prononcé, ce qui ne les empêche pourtant parfois pas de cohabiter avec différentes espèces dans la maison. Mais attention à l'extérieur: leur comportement est tout autre... Là encore, l'habituation progressive est la clé.

Rencontre avec des animaux à l'extérieur

Les animaux inconnus

Lors des balades, vous pouvez croiser des animaux que votre chiot ne connaît pas: chevaux, moutons, vaches...
Les premières fois, restez à distance pour analyser ce qui se passe. Si votre chiot est calme, félicitez-le verbalement. Vous pouvez aussi le récompenser. Le fait de croiser cet animal sera ainsi associé à quelque chose de positif. Si votre chiot prend peur, n'hésitez pas à mettre de la distance.

Les chats

Vous pouvez aussi croiser des animaux que votre chiot connaît, comme les chats.
Sachez que la vue d'un chat à l'extérieur peut déclencher un comportement de poursuite chez le chien. L'idéal est d'anticiper lorsque c'est possible en s'éloignant le plus possible et de féliciter le chiot lorsqu'il reste calme.
Si, lors de ces rencontres, votre chiot devient incontrôlable, cela signifie que vous êtes trop près. Éloignez-vous pour éviter qu'il ne soit submergé par ses émotions. Les fois suivantes, essayez d'anticiper et de mettre la distance nécessaire pour que votre chiot reste calme. En travaillant ainsi, vous pourrez raccourcir les distances progressivement. Un(e) éducateur (-trice) peut vous aider à travailler ce point.

Les chiens

Nous évoquons en détail ce point dans les fiches 13 à 15.

FICHE 13

Les balades

Il est primordial de sortir votre chiot en extérieur dès son adoption. N'attendez pas qu'il ait 3 mois pour le faire. Le chiot doit découvrir le monde qui l'entoure le plus rapidement possible, mais toujours en y allant progressivement et en s'adaptant à sa sensibilité. Sans compter que les balades sont un bon moyen pour votre chien de se dépenser tout en lui permettant de flairer (activité fondamentale à son équilibre), mais aussi une excellente occasion de passer un bon moment ensemble !

L'équipement

Le collier

Comme nous en avons parlé dans la fiche sur les préparatifs, pour les balades, équipez-vous d'un collier plat en tissu ou en cuir. Votre chiot ne doit pas pouvoir le retirer mais il doit pouvoir respirer correctement avec (vous devez pouvoir passer 2 doigts en dessous). Passez-y une médaille avec vos coordonnées.

ATTENTION

N'utilisez pas de colliers étrangleurs, semi-étrangleurs, torquatus... qui sont contre-productifs et ne correspondent pas à l'éducation respectueuse prônée dans ce livre.

Le collier phosphorescent

Il existe pour les balades nocturnes ou les sorties de nuit dans le jardin des colliers lumineux LED.

La laisse

Équipez-vous d'une laisse de 3 m pour la ville. Il existe de longues laisses réglables grâce à des anneaux qui permettent de les raccourcir ou de les attacher autour de la taille.

La longe

Achetez une longe de 10 à 20 m pour les balades en plein air où vous ne pourrez pas lâcher votre chien. Elle vous servira également dans l'apprentissage du rappel (*cf.* fiche 15).

Le harnais

Choisissez un harnais laissant les épaules libres et ne gênant pas la trachée (en Y sur le devant). Certains sont doublés pour éviter les frottements. **Attachez la laisse au harnais et pas au collier.**

Certains chiots ont peur du harnais. Vous allez donc devoir y habituer le vôtre. Pour cela :

- Posez le harnais au sol. Quand votre chiot vient près du harnais, félicitez-le verbalement et récompensez-le. Recommencez plusieurs fois.
- Puis prenez le harnais en mains. Lorsque le chien s'approche du harnais, félicitez-le et récompensez-le.
- Ensuite, présentez-lui le harnais en le tenant de chaque côté du passage de la tête. Quand le chien approche sa truffe du trou, félicitez-le et récompensez-le. Ainsi, il va petit à petit mettre de plus en plus son museau dans le trou, jusqu'à passer de lui-même sa tête dans le harnais. N'hésitez pas à l'encourager en le félicitant. Ne le brusquez pas, allez-y progressivement.
- Une fois que le chien passe sa tête sans problème, vous pouvez fermer le harnais en prévenant le chien que vous allez « clipser » l'attache (ex. : « je clipse ») pour qu'il ne soit pas surpris par le bruit.

Le GPS

Si vous lâchez votre chiot dans un environnement qui s'y prête mais que vous avez peur de le perdre, vous pouvez attacher un petit GPS au harnais ou au collier. Le GPS vous permet de localiser sur votre téléphone la position de votre chien par rapport à vous.

Le manteau

Un chiot, fragile et menu, est souvent sensible au froid et/ou à l'humidité. Dans ce cas, surtout s'il tremble, vous pouvez lui passer un manteau (polaire, imperméable).

L'eau et les friandises

Durant la période d'apprentissage, si vous souhaitez renforcer les bons comportements avec des friandises, n'oubliez pas d'en emporter en balade pour récompenser votre chiot. Pensez aussi à prendre de l'eau.

La durée et la fréquence

Durée

5 min de balade par mois d'âge du chien est la durée conseillée, soit 15 min pour un chiot de 3 mois. Cela peut sembler court mais le chiot a besoin de dormir pour bien se développer et il se fatigue rapidement. Sans compter qu'en balade, curieux et motivé, il ne va pas se ménager ! Voilà aussi pourquoi, selon sa condition physique, son âge et sa race, il est conseillé de faire des pauses durant la balade.

Fréquence

Comme nous l'avons vu dans la fiche sur la propreté, il est conseillé pour l'apprentissage de la propreté de **sortir le chiot après les repas, après les séquences de jeux, après qu'il a dormi et toutes les 2 h.**

Ces sorties « hygiéniques » n'empêchent pas les balades « plaisir » qui sont tout aussi importantes. Le chiot a en effet besoin de découvrir des lieux, d'utiliser son flair... **Les sorties ne se résument pas au pipi/caca.** D'ailleurs, si vous rentrez une fois que votre chiot aura fait ses besoins, il y a fort à parier que, les fois suivantes, il se retienne.

Même si vous avez un jardin, vous devez emmener votre chien en balade.

LES PARCS À CHIENS

Il existe dans certaines villes des parcs à chiens. Il s'agit de parcs clôturés où les propriétaires de chiens peuvent lâcher leur chien. Il n'y a aucun professionnel pour encadrer les rencontres entre chiens. Ce n'est pas forcément le plus adapté pour un chiot qui découvre le monde car, souvent, les chiens lâchés dans ces parcs peuvent être très excités et cela peut générer de mauvaises expériences.

Les lieux

Le chiot doit découvrir dans de bonnes conditions différents environnements afin d'être à l'aise lorsqu'il suit son humain : la forêt, les champs, les parcs, la ville. Le promener régulièrement dans ces différents lieux lui permettra d'avoir des balades variées et enrichissantes.
Par ailleurs, il est important de **changer régulièrement les lieux de balades** pour habituer votre chiot à de nouveaux environnements. Sans compter qu'une balade, même courte, dans un nouveau lieu, est plus enrichissante qu'une balade, même longue, toujours au même endroit.

Les différents types de balade

Il est également important que votre chiot découvre très tôt les différents types de balade : la marche en laisse, la marche au pied, la balade en libre...

La marche en laisse

La marche en laisse est utile en ville ou lorsqu'on doit attacher son chien en liberté pour une raison ou une autre. Pour son apprentissage, consultez la fiche suivante.

La marche au pied

Elle doit rester occasionnelle car le chien ne marche pas à son rythme avec ce système. Il est néanmoins utile de lui apprendre car on peut en avoir besoin lorsqu'on croise une poussette ou lorsque le trottoir est étroit.
Pour son apprentissage, consultez également la fiche suivante.

La balade en liberté

L'idéal serait de pouvoir régulièrement proposer à son chien des balades en liberté dans un lieu sécurisé. En effet, ce type de balade lui permet d'aller à son rythme et de renifler.

Un bon rappel étant primordial en cas de danger dans ce type de balade, consultez la fiche 15 pour son apprentissage.

Les balades en groupe

Le chiot ayant également besoin de rencontrer des congénères, vous pouvez lui faire faire des balades à plusieurs s'il aime ça. Faites néanmoins attention, surtout *via* les groupes de balade Facebook, où vient qui veut. Favorisez des rencontres avec des chiens calmes ayant une bonne communication.

Vous pouvez également le faire participer à des balades en groupe organisées par des professionnels. Ce type de balades est plus sécurisé et vous y apprendrez à accompagner au mieux votre chien (comprendre la communication des chiens, les tempéraments de chien à éviter, les situations à éviter...).

La bonne et la « mauvaise » attitude

La bonne attitude

Tout d'abord, **soyez calme et détendu**. Si vous êtes stressé, pressé, mieux vaut reporter la balade de quelques heures. **Profitez** de ce moment avec votre chien ! Regardez-le marcher, renifler, humer l'air...

Laissez-le de temps en temps choisir son itinéraire. Après tout, c'est son moment à lui et vous allez peut-être découvrir ainsi de nouveaux chemins ! Laissez-le flairer à sa guise. Arrêtez-vous lorsqu'il flaire une odeur afin de ne pas le pousser à avancer pour vous suivre.

La « mauvaise » attitude

Ne dites pas « non » toutes les 2 minutes, quand il flaire trop longtemps, quand il va un peu vite, etc. Le « non » ne lui indique d'ailleurs pas ce que vous souhaitez. Mieux vaut dans ce cas lui dire ce que vous voulez d'un ton enjoué : « X, viens. »

Dans le même ordre d'idées, **ne tirez pas sur la laisse toutes les 2 minutes**. Cela ne sert à rien. Sans compter que plus vous tirerez, plus votre chien tirera.

Les rencontres avec les congénères

Tout dépend de la situation ; chiens tous les 2 en libre, chiens attachés tous les 2, un chien attaché/l'autre libre.

Chiens tous les 2 en libre

Si votre chiot est à l'aise avec ses congénères, vous pouvez le laisser jouer avec l'autre chien si ce dernier est bien codé, c'est-à-dire s'il communique bien. Demandez toujours au préalable au propriétaire de l'autre chien s'il est d'accord.

Chiens attachés tous les 2

Cette situation n'est pas idéale car elle ne permet pas aux chiens de bien communiquer. Si cela vous arrive et si c'est possible, éloignez-vous pour éviter la rencontre. Certains chiens, lorsqu'ils sont en laisse, sont plus tendus et peuvent se montrer agressifs lorsqu'ils croisent de trop près des congénères. Ce type de situations est à éviter, surtout lorsque l'on a un chiot.

Un chien attaché et l'autre libre

Cette situation n'est pas non plus très bonne. Si votre chiot est attaché, qu'il est sociable et que le chien en face est bien codé, mieux vaut lâcher votre chiot ou *a minima* détendre la longe.

LE RUBAN OU LA LAISSE JAUNE

Si votre chiot est réactif, vous pouvez utiliser quelque chose de jaune qui signalera qu'il ne faut pas l'approcher ou le toucher: un ruban jaune attaché à la laisse, une laisse jaune... Et si vous voyez un chien avec une laisse jaune, un ruban jaune, éloignez-vous.
Il existe également des dossards pour chien où l'on peut choisir le message que l'on souhaite mettre en avant (ex.: ne pas me toucher).

FICHE 14

La balade en ville

Même si vous vivez à la campagne, travailler la balade en ville est nécessaire. En effet, durant les nombreuses années que votre chien va passer à vos côtés, il peut être amené à aller en ville et il serait dommage que cela lui génère du stress. De plus, comme on ne sait jamais de quoi demain sera fait, un changement de vie pourrait vous pousser à aller vivre en ville avec votre chien…

L'habituation à la ville

Il arrive que certains chiots aient peur de la ville. Il s'agit en effet d'un environnement agité et bruyant qui peut effrayer un chiot ayant l'habitude du calme de la campagne. Si c'est le cas, il faudra y aller très progressivement en le sortant uniquement au début dans des rues calmes, en allant à son rythme et en le félicitant. Parfois, la présence d'un autre chien à l'aise peut être bénéfique. Dans tous les cas, faites des petites sorties.

Si votre chiot a vraiment peur à l'extérieur et spécifiquement en ville, faites appel à un(e) comportementaliste. Ne laissez pas la situation s'installer.

La balade en ville

Lorsque vous sortez votre chiot en ville, vous devez l'attacher pour des raisons de sécurité. Il est préférable d'attacher la laisse à un harnais, qui est plus confortable que le collier et évite des pressions au niveau de la trachée, des vertèbres cervicales…

Le matériel

Un harnais confortable, *cf.* fiche précédente.
Une laisse de 3 m, qui permet de le tenir plus court quand c'est nécessaire et de laisser le chiot flairer avec la laisse libre quand l'environnement le permet. Tenez toujours la laisse à deux mains.
En option : des friandises pour renforcer les bons comportements.

CONSEILS

- *Ne le forcez jamais à s'approcher d'un objet/individu qui lui fait peur.*
- *Encouragez-le et félicitez-le quand il le fait. Vous pouvez lui donner une friandise quand vous le félicitez afin qu'il crée des associations positives.*
- *Félicitez le chiot quand il fait ses besoins, cela contribuera à l'apprentissage de la propreté. Bien évidemment, ramassez les excréments à l'aide d'un « sac à crottes ».*

Le choix du lieu

Privilégiez une ville/un village plutôt calme les premières fois. Comme on en a déjà parlé dans les précédentes fiches, il est important d'y aller progressivement. Un chiot qui n'a pas l'habitude de la ville pourrait prendre peur dans un environnement trop animé.

Sortez-le dans des rues calmes et évitez les trottoirs étroits qui ne permettent pas de mettre de distance si le chiot a peur de quelque chose (une trottinette, une voiture, un camion, une personne, un autre chien...).

Le rythme

Avancez au rythme du chiot. Laissez-le observer, arrêtez-vous s'il s'arrête. S'il prend peur à cause d'un objet (ex. : une poubelle), vous pouvez vous approcher de l'objet. Cela va le rassurer.

L'apprentissage de la marche en laisse

L'apprentissage de la marche en laisse devra être amorcé dans un premier temps dans un lieu où il se sent à l'aise :

1. dans votre salon
2. puis dans le jardin
3. puis en extérieur dans un lieu calme.

La marche en laisse

Cet apprentissage commence à la maison car le chiot doit s'habituer à avoir une laisse accrochée à son harnais.

• **Habituation à la laisse**

- Lorsque le chiot est calme, attachez la laisse en lui expliquant ce que vous faites : « J'accroche la laisse. » Félicitez-le quand il est calme.
- Tenez la laisse et suivez le chiot lorsqu'il se déplace pour éviter de tirer dessus. Renouvelez l'exercice plusieurs fois par jour pendant 5 min environ.

Une fois qu'il est à l'aise lorsque vous lui mettez la laisse, l'apprentissage de la marche peut commencer.

• **Apprentissage de la marche**

- Accrochez la laisse au harnais, faites quelques pas et appelez-le pour qu'il vienne près de vous. Lorsqu'il vous regarde et qu'il se dirige vers vous, changez de direction en l'appelant et félicitez-le quand il suit votre trajectoire. Vous pouvez le récompenser avec des friandises. Changez régulièrement de direction pour qu'il apprenne à vous suivre.
- Si le chiot vous dépasse et commence à tirer sur la laisse, arrêtez-vous et rappelez-le. Lorsqu'il arrête de tirer, vous pouvez le féliciter et recommencer à marcher. La prochaine fois, anticipez : lorsque vous voyez qu'il s'apprête à tirer sur la laisse, appelez-le avant

qu'il arrive en bout de laisse et changez de direction. Félicitez-le et récompensez-le de vous suivre sans tirer.
- Effectuez cet exercice dans votre salon, puis dans votre jardin puis en balade.

CONSEIL

La laisse de type enrouleur n'est pas conseillée pour l'apprentissage de la marche car elle entraîne une tension sur le collier/harnais. Le chien apprend donc à marcher avec une tension, ce qui peut le pousser à tirer... De plus, l'enrouleur est dangereux en cas de rencontre avec d'autres chiens car le fil peut s'enrouler autour du chien (et des chevilles des humains) et le blesser. Par ailleurs, si on peut toujours lâcher une laisse en cas de besoin, avec une laisse à enrouleur, c'est impossible car le boîtier, lourd, pourrait faire peur au chiot ou le blesser.

La marche au pied

Comme pour l'exercice précédent, commencez l'apprentissage chez vous avant de le faire en extérieur.

• **Sans la laisse**
- Appelez le chiot en tapotant avec votre main sur votre cuisse (sur le côté pour donner envie au chiot de venir à côté de vous et non en face). Quand il arrive près de vous, félicitez-le verbalement « bien/oui » et donnez-lui une récompense à côté de votre jambe.
- Puis faites un pas. Le chiot va vous suivre (appelez-le si besoin), félicitez-le et récompensez-le, toujours au niveau de votre jambe. **Donnez la friandise à hauteur du museau pour que le chiot ne saute pas pour avoir la récompense.** Puis refaites la même chose en faisant 2-3 pas. Puis faites l'exercice en changeant de direction régulièrement.

VOTRE CHIOT TIRE

Si votre chien tire, sachez qu'il existe des harnais d'aide à la marche avec une boucle d'attache sur le poitrail : si votre chien tire, la trajectoire bouge. Ces harnais sont des outils à utiliser uniquement pour vous faciliter les promenades le temps de l'apprentissage de la marche en laisse. Il est primordial de travailler l'apprentissage expliqué ci-dessus pour retourner à un harnais plus confort dès que possible. N'hésitez pas à faire appel à un éducateur.
Exemple de harnais: easy walk et animalin.

- Vous pouvez, à présent que le chiot a compris l'exercice, associer la demande « au pied » quand vous faites l'exercice.

• **Avec la laisse**
Maintenant, il ne reste plus qu'à lui accrocher la laisse. Faites des petites sessions d'exercice. La marche au pied doit rester occasionnelle, car elle ne permet pas au chiot de profiter de sa balade (marcher à son rythme, renifler...).

Les problèmes spécifiques à la ville

Les rencontres congénères attachés

Lors de la promenade en ville, vous allez peut-être croiser d'autres chiens avec leurs humains. Sachez que beaucoup de chiens ne sont pas à l'aise quand ils rencontrent un chien et qu'ils sont attachés. En effet, comme nous l'avons dit dans la fiche précédente, le chien peut être entravé dans sa communication lors de cette rencontre. Voilà pourquoi beaucoup de chiens sont nerveux en laisse, quand ils rencontrent des congénères, ce qui occasionne des grognements, des aboiements... Il est parfois préférable de changer de trottoir pour éviter ce type de situation et de favoriser des rencontres dans des lieux plus spacieux où les chiens pourront communiquer correctement. Rappelez-vous que les premières fois sont importantes: choisir et bien organiser les premières rencontres avec d'autres chiens permettra d'avoir plus de chance que le chiot vive des expériences positives et gère mieux les rencontres impromptues par la suite.

Les voitures, motos...

Si le chiot a tendance à vouloir courser les voitures/motos ou à sauter dessus, mettez-vous à distance de la circulation et félicitez et récompensez-le lorsqu'il voit la voiture/moto et reste calme. Il apprendra ainsi à ne pas se « déclencher » à la vue d'une voiture/moto. Progressivement, vous pourrez vous rapprocher de la circulation tout en continuant ce travail.

Le passage piéton : « on attend »

Vous pouvez apprendre au chiot à attendre au passage piéton. Il n'est pas nécessaire de lui demander de s'asseoir car il peut être désagréable pour le chien de s'asseoir sur du bitume chaud, froid ou mouillé.

• **À la maison**
Faites un pas et récompensez le chiot quand il marche à côté de vous. Refaites l'exercice plusieurs fois.
Quand le chiot a compris, faites 3-4 pas, arrêtez-vous, félicitez et récompensez le chiot quand il attend à côté de vous. Refaites l'exercice plusieurs fois et dites « on attend » quand vous vous arrêtez, et « on avance » quand vous vous remettez à marcher.

• **Dans le jardin, dehors... puis en ville**
Une fois cet exercice fait sur plusieurs jours à la maison, faites-le dans votre jardin, puis en extérieur dans un milieu calme. Pour finir, travaillez-le en ville, un milieu plus distrayant pour le chiot qui peut avoir du mal, au début, à se concentrer sur vos demandes.

FICHE 15

La balade en libre

La balade idéale est certainement la balade en libre où le chien avance à son rythme, court s'il en a envie, s'arrête pour renifler, revient... Mais elle demande de la vigilance (risque de croiser des humains, des chiens, des cavaliers, des vélos, route à traverser...) et nécessite un élément important : avoir un bon rappel. Cet apprentissage sera facile à mettre en place, un chiot suivant naturellement son humain.

La balade

Le matériel

- un harnais, un collier, *cf.* fiche précédente
- une laisse ou une longe pour le cas où on serait amené à rattacher le chien
- des friandises pour renforcer les bons comportements
- de l'eau s'il fait chaud
- éventuellement un sifflet pour le rappel.

Le lieu

Au début, privilégiez un champ, un parc, un bois... plutôt calme. Comme nous l'avons déjà dit dans les précédentes fiches, allez-y progressivement. Un chiot qui n'a pas l'habitude de la liberté et de l'espace pourrait être effrayé et courir un peu n'importe où.

Il est important par la suite de l'emmener dans différents types d'endroits afin qu'il n'ait pas peur si vous devez y aller un jour : mer, forêt, champ...

Si vous n'avez pas de visibilité, gardez le chiot en longe jusqu'à ce que vous puissiez le lâcher en toute sécurité.

Rythme et fréquence

Comme pour la balade en ville, avancez au rythme du chiot. Arrêtez-vous s'il s'arrête.

Si vous ne promenez pas votre chien en libre régulièrement, il va être excité et le rappel sera plus difficile en cas de danger. Il risque aussi de partir ventre à terre s'il voit du gibier.

CONSEILS

- *La cool attitude dont nous avons déjà parlé est de rigueur, c'est-à-dire la patience, le calme, la disponibilité...*
- *Le « non » toutes les 5 minutes est à proscrire.*

L'apprentissage du rappel

Les bonnes attitudes

Le chiot ayant tendance à suivre son humain, pour entretenir cette attitude, sortez votre chien et lâchez-le dès que vous l'avez adopté. Privilégiez au début des lieux loin des routes et peu stimulants pour éviter qu'il ne soit distrait. Les premières fois, vous pouvez aller dans un parc clôturé pour travailler en toute sécurité.

- Quand vous le rappelez, faites-le sur un ton enjoué pour lui donner envie de revenir.
- Ne le grondez pas s'il met du temps à revenir.
- Ne le rappelez pas s'il renifle, il ne vous entendra pas. Attendez qu'il lève la tête.

CONSEILS

- *Rappelez-le toujours avant qu'il n'arrive en bout de longe pour éviter que la longe ne le bloque.*
- *Lorsqu'il jette des coups d'œil en arrière pour vérifier si vous êtes toujours là, félicitez-le.*

- Ne le rappelez pas trop souvent et sans raison, sinon il va se lasser.
- Ne le rattachez pas systématiquement lorsque vous le rappelez.
- N'agitez pas les friandises pour le faire revenir. Donnez-les-lui quand il revient. C'est une récompense.
- Quand vous le rappelez, ne vous tenez pas n'importe comment et surtout, ne restez pas droit comme un i. Bougez. Les chiens sont attirés par le mouvement. Vous pouvez vous accroupir et tapoter vos cuisses.
- Ne le rappelez pas uniquement en fin de balade, sinon il ne reviendra pas car il aura compris que le rappel signifie la fin de la balade.

Plus votre relation avec votre chien sera bonne et plus il reviendra vers vous quand vous le rappellerez.

La technique

L'apprentissage du rappel devra se faire dans l'ordre suivant :

1. Chez vous
2. Dans le jardin
3. En extérieur, dans un lieu calme.

• À la maison

Éloignez-vous du chiot et appelez-le (« Junior, tu viens ! »). Une fois qu'il arrive près de vous, félicitez-le (« oui/yes/bien »).

• Dans le jardin ou le parc

Comme à la maison, attendez qu'il s'éloigne de vous et appelez-le. S'il hésite, pliez légèrement les genoux et tapotez vos cuisses pour lui donner envie de venir. Lorsqu'il est près de vous, félicitez-le. Vous pouvez également lui donner une friandise. Renouvelez régulièrement l'exercice.

• **À l'extérieur**

Le rappel en extérieur se travaillera avec une longe (10 ou 20 m). Elle seule permet de travailler le rappel en toute sécurité. Le chiot va avoir une sensation de liberté grâce à la longueur de la longe et vous n'aurez pas peur de le perdre s'il venait à partir loin. Attention à ne pas attacher la longe au collier: cela pourrait le blesser s'il venait à tirer d'un coup.

Comme pour les exercices précédents, une fois que le chiot s'est éloigné de vous, appelez-le. Plus il sera loin ou hésitant à revenir et plus vous devrez vous montrer invitant et enjoué. Pliez les genoux, tapotez vos cuisses, agitez les bras (s'il est parti loin). Les sons aigus aidant à obtenir l'attention du chiot, vous pouvez siffler (ou utiliser un sifflet). Lorsqu'il revient, félicitez-le « yes, oui, bien ». Vous pouvez le récompenser avec une friandise pour renforcer l'apprentissage.
Si vous souhaitez travailler le rappel au sifflet, il suffit d'associer le sifflement au rappel (siffler + « Junior, tu viens! ») lors des exercices et de féliciter et récompenser le chiot lorsqu'il revient près de vous.

À présent que votre chiot vous écoute bien, si l'environnement le permet, vous pouvez soit retirer la longe soit la laisser traîner au sol si vous avez encore des craintes. Une longe en biothane sans dragonne est idéale quand on veut la laisser au sol. En effet, ce matériau ne s'accroche pas aux herbes folles et n'absorbe pas l'eau.

Puis généralisez l'apprentissage dans différents lieux et en présence de stimulations variées (oiseaux, cyclistes, congénères, humains...), toujours de manière progressive.

Les problèmes spécifiques à la balade en libre

Les rencontres congénères

Si vous croisez un chien attaché et que votre chiot est lâché, rappelez-le. Il y a sûrement une bonne raison pour que ce chien soit attaché. Demandez toujours l'autorisation à son humain(e) avant de laisser votre chien aller vers un chien.
Si votre chiot est attaché et qu'un autre chien en libre vient à sa rencontre, détendez la longe pour permettre à votre chiot de bien communiquer.

Le gibier

Certains chiens sont très attirés par le gibier et chassent de leur propre initiative durant les balades. Sachez qu'il est toujours plus compliqué de faire revenir un chien lorsqu'il est déjà en train de courir après le gibier. Siffler peut aider le chien à sortir « de sa bulle » et à retrouver le chemin pour revenir vers vous s'il est parti loin. Voilà pourquoi il faut anticiper. Observez votre chiot, et lorsque vous voyez qu'il commence à suivre une piste ou lorsque vous avez vu du gibier au loin, rappelez-le pour l'attacher.

Les animaux de la campagne

En libre, le chien peut rencontrer des cavaliers, voir des poules, un chat... Voilà pourquoi il est important de le familiariser avec les autres animaux (*cf.* fiche 12). Rattachez-le quand vous en croisez et félicitez-le s'il réagit bien.

Les joggers, les vélos...

Rattachez votre chien dès que vous en voyez. S'il ne réagit pas quand ils passent, félicitez-le. Par la suite, si votre chiot vous écoute bien, vous pourrez tout simplement lui demander de rester près de vous le temps que le vélo passe.

FICHE 16

En voiture !

Votre chien va être amené à vous accompagner et probablement à monter dans votre voiture, par exemple pour aller en promenade ou partir en vacances. Même si vous vous dites que cela se produira très rarement, habituez-le à la voiture dès son plus jeune âge. Cela facilitera votre quotidien et lui évitera d'avoir peur ou d'être stressé en voiture.

La sécurité avant tout !

Lors des trajets en voiture :

- le chiot ne doit pas distraire le conducteur
- le chiot doit être sécurisé pour ne pas être projeté en cas d'accident. Pour sécuriser le chiot, différents systèmes existent.

Le coffre

Vous pouvez l'installer dans le coffre avec des grilles/filets de protection qui l'empêcheront de venir à l'avant du véhicule. En cas d'accident, cela évitera qu'il ne devienne un projectile pouvant blesser les autres passagers ou qu'il soit blessé ou tué en étant projeté à l'avant.

La caisse de transport

La caisse sera installée dans le coffre ou placée sur la plage arrière. Elle doit être fixée de manière à ne pas bouger. La caisse de transport sécurise bien le chien car il ne peut pas s'échapper du véhicule, même en cas d'accident.

Si vous avez une caisse, mettez un tapis antidérapant à l'intérieur pour éviter que le chiot ne glisse durant le trajet. Glisser dans la caisse rend en effet le trajet très désagréable et cela risque de le rendre malade.

Mettez sur le tapis une serviette ou une alèse, certains chiots pouvant être malades en voiture ou faire pipi.

La ceinture de sécurité

Vous pouvez l'attacher avec une ceinture de sécurité adaptée. Il s'agit d'une ceinture courte qui se fixe sur un harnais et s'insère dans la fente de la ceinture de sécurité de la voiture. Cela évite que le chiot ne soit projeté en cas d'accident.

CONSEILS

- *Ne laissez jamais votre chien sans surveillance dans une voiture lorsqu'il fait chaud.*
- *Ne laissez pas le chiot mettre sa tête à la fenêtre quand vous roulez. Le vent et la poussière peuvent lui créer des problèmes oculaires.*

Habituation à la voiture

La ceinture de sécurité

La première chose est d'habituer le chiot à la voiture. Il ne doit pas en avoir peur et rentrer dedans sans crainte. Pour cela, le mieux est d'installer la voiture dans votre jardin ou dans votre garage.

Exercice

Le chiot doit être confiant à chaque étape. Si ce n'est pas le cas, ne passez pas à l'étape suivante. Faites l'exercice dans un milieu sécurisé comme un jardin clos ou un garage.

1re étape

- Ouvrez les portes de la voiture.
- Montez à l'arrière de la voiture et invitez le chiot à vous rejoindre. Quand il vient, félicitez-le. Vous pouvez également le récompenser. Ne refermez surtout pas la porte derrière lui. Laissez-le redescendre à sa guise. Il s'agit de lui montrer qu'il peut monter et descendre en toute confiance.
- Faites l'exercice une ou deux fois par jour pendant quelques jours.

2e étape

- Une fois le chiot à l'aise, vous pouvez fermer les portes pendant 2-3 secondes puis les ouvrir. Les premières fois, restez avec lui dans l'habitacle.
- Une fois le chiot à l'aise dans la voiture, attachez le chiot à la ceinture de sécurité.
- Par la suite, une fois le chiot attaché, restez à l'extérieur.
- Petit à petit, gardez les portes fermées plus longtemps tout en laissant les vitres ouvertes, ce qui vous permettra de féliciter et de récompenser votre chiot à travers la fenêtre.

3e étape

L'étape suivante consiste à allumer le moteur mais en restant sur place. Récompensez votre chiot quand il est calme.

Puis vient le temps des premiers trajets. Faites dans un premier temps de courts trajets.

Associez ces déplacements à des choses sympathiques pour votre chiot : balades, rencontres de congénères. En effet, trop de chiens associent les déplacements en voiture à la visite chez le vétérinaire…

Le coffre

Si votre chien va voyager dans le coffre, vous devez faire le même exercice que le précédent. Vous pouvez vous-même si besoin monter dans le coffre de la voiture pour le rassurer. Si votre coffre est haut, il est déconseillé de faire sauter le chiot. Prenez-le dans vos bras pour le monter ou utilisez une rampe d'accès pour qu'il accède au coffre sans sauter. L'utilisation de la rampe d'accès nécessite une habituation préalable : placez la rampe à plat au sol et habituez le chiot à marcher dessus en l'invitant et en l'encourageant comme conseillé dans les jeux de proprioception (*cf.* fiche 18). Une fois le chiot à l'aise, surélevez progressivement une des extrémités pour qu'il s'habitue à la hauteur. Puis faites l'exercice directement avec la voiture.

Exercice

1re étape

- Une fois que le chiot est monté dans le coffre, ne retirez pas la rampe et ne fermez pas le coffre. Laissez le chiot descendre et monter à sa guise.
- Quand le chiot est à l'aise, retirez la rampe et récompensez-le. Au début, ne retirez la rampe que quelques secondes.

2e étape

- Si le chiot est à l'aise, vous pouvez passer à l'étape suivante en abaissant légèrement la porte du coffre. Au début, ne le fermez pas complètement. Allez-y progressivement.
- Par la suite, vous pouvez fermer le coffre quelques secondes (ne le claquez pas trop fort pour ne pas lui faire peur), puis augmentez le temps progressivement. Laissez la vitre arrière du véhicule entrouverte pour pouvoir le récompenser quand il sera calme.

3e étape

La 3e étape est la même que dans l'exercice précédent.

La caisse de transport

Pour habituer votre chiot à voyager en caisse de transport, il faudra respecter quelques étapes. Pour commencer, le chiot doit être à l'aise avec l'habitacle de la voiture. Pour cela, faites l'exercice de l'habituation à la ceinture ci-dessus. En parallèle, vous travaillerez l'habituation à la caisse de transport à la maison.

Exercice

1re étape

- Placez la caisse dans le salon. Laissez-la ouverte. Retirez la porte si c'est possible ou bloquez-la pour qu'elle ne se ferme pas par accident. Placez-y un tapis antidérapant et une couverture confortable. Placez-y également un ou deux jouets que votre chiot aime, et pourquoi pas une oreille à mastiquer ! Lorsque le chiot s'en approche, la renifle, félicitez et récompensez-le.
- Laissez ainsi la caisse et félicitez et récompensez votre chiot à chaque fois qu'il s'intéresse à elle ou entre dedans. Le chiot va s'habituer à la caisse et ne plus s'en méfier. Peut-être même ira-t-il se coucher dedans.

2e étape

L'étape suivante consiste à fermer la porte progressivement.

- Invitez le chiot à rentrer dans sa caisse. Comme pour le coffre (*cf.* ci-contre), bougez légèrement la porte et récompensez-le s'il reste calme et qu'il reste dans la caisse.
- Puis fermez la porte, 2-3 secondes les premières fois. Vous augmenterez le temps progressivement. Faites des petites sessions sur plusieurs jours.
- Une fois le chiot à l'aise dans la caisse fermée, faites l'exercice en plaçant la caisse dans la voiture. Reprenez les mêmes étapes que celles que vous avez faites dans votre salon. Vous verrez que ce sera plus rapide car le chiot connaît désormais sa caisse de transport.

3e étape

La 3e étape est la même que dans le premier exercice.

Pendant les trajets

Si le trajet est long ou s'il fait chaud, n'oubliez pas la **gamelle d'eau**. Il existe des gamelles antidébordement pour les voyages en voiture. Pendant les longs trajets, pensez à **faire des pauses** pour que votre chien puisse faire ses besoins et se dégourdir les pattes.

Pour l'occuper et associer la durée du trajet à quelque chose d'agréable, pensez à lui donner **un kong fourré ou un tendon à ronger**.

CONSEILS

- *Travaillez l'habituation à la voiture progressivement, en faisant de petites sessions.*
- *Si, une fois habitué, votre chiot est malade en voiture, consultez le vétérinaire.*
- *Si le chiot doit sauter pour monter dans la caisse lorsqu'elle est dans la voiture, faites l'habituation à la rampe d'accès expliquée dans cette fiche.*

LES PRÉPARATIFS

À LA MAISON

LA DÉCOUVERTE DES AUTRES

LES SORTIES

JEUX ET LOISIRS

SOS

FICHE 17

Les jouets du quotidien

Vous allez sans doute acheter à votre chiot, avant même son arrivée, quelques jouets. Il les mordillera, les tétera, les secouera, les laissera, y reviendra… bref, cela lui permettra de s'occuper et d'utiliser sa mâchoire ailleurs que sur vos meubles ! Vous découvrirez peu à peu les jouets qu'il préfère. En effet, tous les chiens n'aiment pas les mêmes jeux, et certains aiment plus jouer que d'autres. Voici quelques conseils pour bien choisir les jouets de base, et en fabriquer à peu de frais.

Achat mode d'emploi

Tout d'abord, **achetez des jouets pour chiens** qui ne seront pas toxiques pour votre chiot plutôt que d'acheter ou de lui donner des jouets d'enfants pas adaptés à la mâchoire d'un chien.
Et surtout, **achetez des jouets adaptés à la taille et à la fragilité de sa mâchoire** : ni trop petits pour qu'il ne puisse pas les avaler ou les coincer dans sa gorge ni trop durs pour qu'ils n'abîment pas sa mâchoire.

Vous pouvez aussi acheter ou fabriquer (si vous n'en avez pas) un panier ou un coffre à jouets pour ranger ses jouets. Donnez-les-lui à tour de rôle. Il sera ravi de retrouver un vieux tug ou une peluche oubliée, et ira peut-être même les chercher lui-même !

Les premiers jouets

Les peluches

La peluche est sans doute le premier jouet qu'on donne au chiot qui pourra la téter, dormir dessus, la secouer, la traîner partout…
Attention toutefois à ce que votre chiot ne la déchiquette pas et n'en avale pas des bouts. Voilà pourquoi, **comme pour tous les jouets** d'ailleurs, **vous ne devez pas le laisser seul avec de nouveaux jouets. Regardez ce qui se passe.**

Les jouets qui couinent

Il s'agit des jouets qui font du bruit quand le chien appuie dessus, les mord ou les secoue. Attention à ce genre de jouets dont les bruits peuvent exciter le chiot, et énerver son humain !

Les jouets en corde

Les chiots aiment les jouets en corde (en fils de coton noués) qui leur permettent d'utiliser leur mâchoire et de mastiquer. Mais attention au « il tire/je tire » car ce jeu peut fragiliser la

mâchoire du chiot et le blesser aux cervicales. Si votre chiot aime ce genre de jeu, apprenez-lui le « lâche » expliqué fiche 20.

Les jouets « à nourriture »

Le kong ou tout jouet du même style est un jouet en caoutchouc de forme creuse. On peut y insérer un mélange de friandises collantes et de nourriture et le donner au chien, notamment quand on s'absente. Ce dernier va en effet mettre du temps à lécher tout ce qu'on aura mis à l'intérieur. On peut aussi le congeler, ce qui accroîtra le temps que mettra le chiot à en venir à bout. Et comme il en existe de différentes tailles, il est facile d'en trouver un adapté à la taille de la mâchoire de son chiot.

Vous trouverez également en magasins spécialisés **des tapis de léchage** à donner sous surveillance. Il s'agit de petits tapis en silicone avec des reliefs sur lequel vous tartinerez du fromage ou du pâté. Cela va occuper votre chiot qui devra lécher tous les petits recoins du tapis pour tout terminer.

Il existe également **des balles distributrices de friandises**. Lorsque le chiot fait rouler la balle, les friandises s'échappent par les différentes ouvertures de la balle. Cela permet également d'occuper son chiot. Vérifier que ce jeu n'excite pas votre chiot. Donnez-lui également de préférence dans l'herbe : la balle va moins bien rouler (ce qui évitera la montée en excitation du chien) et le chiot devra flairer l'herbe pour retrouver les friandises.

Les jouets à utiliser avec précaution

Les balles

Les humains pensent à tort que ce genre de jouets (balle, ballon, frisbee) est idéal car il permet de bien défouler le chien. Du coup, ils se lancent dans de grandes parties de foot ou de lancer de balle avec leur chien. Or ces jeux comportent des risques puisqu'ils peuvent renforcer l'instinct de poursuite du chien qui court après tout ce qui bouge pour l'attraper et qu'ils ont tendance à exciter le chien. Du coup, si vous en abusez, vous prenez le risque que votre chiot coure après les vélos, les joggeurs, le gibier... Si votre chiot aime jouer avec une balle ou un ballon, laissez-le jouer seul (sous votre surveillance). Vous pouvez vous amuser à cacher la balle pour que votre chiot la retrouve. L'excitation ne fatiguant pas le chien, privilégiez des jeux qui favorisent la réflexion et le calme.

Les bâtons

Le bâton, comme la balle, renforce l'instinct de poursuite du chien quand on lui lance sans arrêt. Il présente aussi d'autres risques, plus graves, puisqu'il peut blesser le chien (lorsque le bâton est lancé, il arrive que des chiens s'empalent dessus), abîmer ses articulations quand il démarre à toute vitesse pour aller le chercher et/ou saute pour l'attraper, voire le tuer s'il ingère du bois toxique comme le bouleau. Alors si votre chien aime les bâtons, soyez vigilant et proposez-lui le plus souvent possible des bois de cerf, inoffensifs.

CONSEIL

En balade, ne lancez pas de balle à votre chiot. Cela l'empêche de profiter de la promenade. Laissez-le renifler et vaquer tranquille.

Fabrication maison mode d'emploi

Sans trop de difficultés, avec du matériel de récupération, un peu de patience et de bon sens, et éventuellement l'aide de tutos sur Internet, vous pouvez fabriquer des jouets pour votre chien, ce qui vous permettra pour pas cher de lui en offrir de nouveaux.

Le tug

C'est un scoubidou en tissu. Vous pouvez le faire facilement avec des bandes de tissu en suivant ce tuto: youtu.be/eXSaIdZdKK8
Le chiot peut le mâchouiller sans danger ou chercher dedans les friandises que vous y aurez cachées. Cela l'occupera, notamment quand vous êtes absent.
Comme vu précédemment pour les jouets en corde, le jeu du « je tire, tu tires » est à éviter.

Le jouet en jean

Les jeans, c'est inusable, c'est bien connu. Alors ne les jetez plus et suivez ce mode d'emploi pour fabriquer un jouet hyper-résistant sur lequel votre chiot pourra s'exciter sans danger:
- coupez les jambes d'un vieux jean
- faites plusieurs nœuds avec les bouts de tissu.

Le jeu et l'humain

Avoir des jouets à sa disposition permet au chiot de s'occuper de lui-même quand il s'ennuie. Au début, vous pouvez le guider. Ainsi, lorsqu'il utilise votre mobilier pour répondre à son besoin de mastication, redirigez-le vers un jouet. S'il attaque les pieds de la table, donnez-lui quelque chose qui se ronge. En revanche, s'il aime tirer sur la couverture du canapé ou jouer avec les coussins, proposez-lui une peluche ou un tug.

Félicitez-le également lorsqu'il joue de lui-même avec ses jouets. En revanche, nul besoin de jouer avec lui. Ce sont les siens! Il doit apprendre à s'occuper seul pour développer son autonomie et les jouets sont là pour ça. Vous pouvez faire plein d'autres activités avec lui (balade, jeux de recherche olfactive, jeux cognitifs...), comme nous allons le voir dans les fiches suivantes.

FICHE 18

Les activités « physiques »

Il est important de faire des activités avec son chien dès son plus jeune âge pour l'occuper, le fatiguer intelligemment et sainement et renforcer votre complicité avec lui. La balade ne suffit pas, sans compter qu'elle n'est pas toujours facile par temps de pluie. Faisons donc un petit tour des activités auxquelles on peut se livrer avec un chiot, de leurs avantages et des précautions à prendre pour que tout se passe bien.

Le hoopers

Le hoopers consiste à faire passer au chiot des obstacles (tunnel, hoops [demi-cerceaux]) en le guidant avec la voix et le corps. L'humain reste dans une zone désignée durant le parcours. Le chien est récompensé (friandise/jouet) à la fin du parcours. Comme il n'y a pas de saut, donc pas de risque pour les articulations, à la différence de l'agility, **cette activité peut se pratiquer dès le plus jeune âge.** Cette activité est ouverte aux personnes sportives ou non et aux personnes à mobilité réduite.

CONSEIL

Quelle que soit l'activité que vous entrepreniez avec votre chiot, ne faites que de courtes sessions. N'oubliez pas qu'il est jeune et qu'il se fatigue vite !

Les jeux de proprioception

Proprioception : *perception, consciente ou non, de la position des différentes parties du corps.*

Parmi les jeux de proprioception, on trouve : mettre 2 pattes sur un marchepied, traverser une échelle, traverser des pneus à terre...
Ces jeux permettent au chiot de prendre conscience de son corps et d'améliorer son équilibre, ce qui permet par la suite de limiter les risques de blessure dans certaines situations (lorsqu'il se déplace ou qu'il joue). On peut les pratiquer à l'intérieur ou à l'extérieur. **Au début, pratiquez avec un professionnel afin de ne pas faire faire au chiot des mouvements contre-indiqués.**

Voici 2 jeux de proprioception simples à faire :
1. Placez une échelle au sol (ou des barres, manches à balai...) et faites marcher tranquillement votre chiot dessus. Il doit placer ses pattes dans les espaces, entre les barres, pour avancer. Marchez à côté de lui, encouragez-le et félicitez-le quand il y arrive.

2. Pour cet exercice, il vous faudra un stepper. Le but est d'apprendre au chiot à mettre ses deux pattes avant dessus.

- Placez votre main à 30 cm devant votre chiot, paume vers son museau. Lorsqu'il s'approche de votre main, félicitez-le et récompensez-le. Recommencez plusieurs fois jusqu'à ce que le chiot apprenne à suivre votre main.
- À présent, placez le stepper quelques pas devant le chiot. Guidez-le avec votre main jusqu'à ce qu'il pose ses deux pattes avant sur le stepper. Félicitez-le et récompensez-le quand il réussit.

ATTENTION

Ne faites pas sauter un chiot.
Ne le faites pas jouer sur un sol glissant.

La gym de salon

Vous pouvez aussi créer chez vous, avec votre mobilier (table, chaise...), un petit parcours de sport en salle. N'oubliez pas avant de ranger les objets fragiles !

Voici 3 jeux simples à faire :

1. Installer des chaises ou des tabourets et faites slalomer le chiot. Guidez-le avec votre main. Votre chiot doit la suivre. Quand il réussit, félicitez-le.

2. S'il n'est pas trop grand, vous pouvez le faire passer sous une chaise. En en plaçant plusieurs à la suite, vous formerez un petit tunnel sous lequel il devra passer.

3. Apprenez-lui à contourner un objet. Pour cela, vous pouvez utiliser une plante en pot. Guidez le chiot avec votre main pour qu'il contourne la plante. Cet apprentissage est bien pratique en promenade lorsque le chiot en longe contourne un poteau ou un arbre.

En combinant les trois exercices, vous pouvez créer un petit parcours avec votre mobilier. Soyez inventif tout en veillant toujours à ce que votre chiot ne se blesse pas.

> **ATTENTION**
>
> *Attention à ne pas surstimuler le chiot. Il est essentiel qu'il apprenne également à ne rien faire. Un chiot a besoin de se reposer. À vous de trouver le juste milieu, le rythme adapté à votre chien, qui vous permettra de répondre à ses besoins et d'avoir des activités enrichissantes sans entrer dans une surenchère.*

Le mantrailing de loisir

Ici, le chien recherche une personne « disparue » (c'est-à-dire cachée) à l'extérieur. Il va la retrouver grâce à son flair.
Il vous faudra un vêtement porté la veille et des friandises appétentes. Le professionnel, lui, fournit un harnais de pistage avec une attache plus en arrière du dos que pour un harnais normal. On attache une longe au harnais (*cf.* photo ci-contre).
Le chiot renifle le vêtement de la personne qui s'est cachée et la cherche. Le professionnel vous aide à « lire » votre chien et à savoir comment réagir s'il semble avoir perdu la piste. Quand il trouve la personne cachée, vous le félicitez et le récompensez avec les friandises. Un autre binôme passe pendant que votre chien se repose (l'activité est fatigante, surtout pour un chiot qui débute). Prévoyez une gamelle d'eau, des serviettes pour le sécher en cas de pluie, des couvertures pour le réchauffer s'il fait froid.
Le mantrailing est intéressant pour le chiot car cette activité favorise une bonne familiarisation à l'humain et permet la découverte des différents environnements (forêt, ville, mer...). Les pistes seront adaptées à son âge.

Et aussi...

Il existe d'autres activités qui sont adaptables au chiot.
Le Treibball est un sport canin venu d'Allemagne. Ce sport ne requiert pas d'être soi-même sportif, puisque c'est le chien qui va bouger. Ce dernier doit déplacer des ballons de gymnastique pour les mettre dans le but où se trouve son humain. Cette activité est souvent proposée aux chiens de berger (pour répondre à leur instinct de rassemblement de troupeau) mais elle est possible pour les chiens de tout gabarit et de tout âge. Le chiot devra apprendre à se placer derrière le ballon et à le pousser uniquement sur demande et en direction du but. Cette activité favorise la concentration et l'écoute. Elle se développe en France depuis quelques années. Vous pouvez vous rapprocher d'un professionnel pour vous initier.
Le Dog Parkour est également possible à partir de 6 mois. L'environnement (ville ou forêt) est utilisé pour faire des « figures », comme passer sous un banc, marcher sur un tronc, poser deux pattes sur un muret... Lors des exercices, le chien sera attaché au harnais à l'aide d'une courte laisse. Vous pouvez adapter le parcours à votre chien. Plus que les figures, c'est leur apprentissage qui est enrichissant. Le Dog Parkour est une activité intéressante pour développer une bonne proprioception et améliorer la confiance du binôme homme-chien. Il nécessite de s'initier auprès d'un professionnel pour apprendre à sélectionner les obstacles adaptés aux compétences et au gabarit de votre chien et à sécuriser votre chien lors des différentes figures afin d'éviter toute blessure.

FICHE 19

Les activités « intellectuelles »

Pas besoin d'attendre des mois pour réaliser des activités « intellectuelles » avec son chiot. Il suffit d'adapter le niveau au chiot et de ne pas faire de longues sessions. Ces activités ont l'avantage d'être faisables à l'intérieur, de faire réfléchir le chiot et de le fatiguer sainement !

Les jeux de flair

L'odorat est le sens le plus développé du chien. Il possède une muqueuse olfactive beaucoup plus développée que la nôtre. Voilà pourquoi certains chiens, entraînés, peuvent retrouver de la drogue, des explosifs ou détecter des maladies, comme la Covid récemment. Il est donc important de faire avec lui des activités de flair, sans compter qu'elles développent sa concentration.

À la maison

Certaines de ses activités peuvent se faire à la maison, sans supervision d'un professionnel. Elles ne nécessitent en outre pas beaucoup de matériel.

• **La boîte aux trésors**

- Glissez des friandises dans des boules de papier puis placez le tout dans une boîte à chaussures vide. Invitez votre chiot à chercher et à attraper les friandises.
- Remplissez une boîte à chaussures vide avec des rouleaux de papier hygiénique en les posant côte à côte. La boîte doit être totalement remplie. Puis placez des friandises dans les rouleaux. Votre chien doit les attraper. C'est amusant à regarder car certains vont tout chambouler et d'autres procéder de manière plus méthodique et soigneuse.

• **Le tapis de fouille**

Vous pouvez acheter ou fabriquer un tapis de fouille composé de bandes de tissu polaire. Cachez-y des friandises puis laisser votre chiot les trouver. Pour le fabriquer, il vous faut des bandes de tissu polaire de 20 cm de long sur 3 de large. Nouez-les sur un paillasson en plastique et glissez des friandises dans le tissu. Le tour est joué !

• **Dans le jardin**

Si vous avez un jardin, vous pouvez y cacher des dés de jambon ou des bouts de gruyère. Votre chiot devra les trouver, ce qui va l'occuper un bon moment.

Avec un professionnel

Certaines activités de flair se font en présence d'un professionnel qui aide à « lire » son chien quand il cherche. C'est le cas de la **Cani-investigation©** : le chien retrouve, grâce à son flair, une odeur spécifique (tabac, thé...). Cette activité se pratique en extérieur ou en intérieur (surtout au début).

Vous allez apprendre à « lire » et à observer votre chien avec l'aide d'un professionnel. Quand votre chien aura trouvé l'odeur-cible, vous lui donnerez la récompense à l'endroit précis où elle se trouve. Comme pour le mantrailing de loisir (*cf.* fiche précédente), les binômes passent à tour de rôle et le chien se repose entre temps. Plus tard, vous pourrez même lui apprendre à chercher des cèpes et pourquoi pas des truffes !

La Cani-investigation© va aider votre chiot à appréhender des objets inconnus et lui apprendre à rester concentré. Une fois initié, vous pourrez pratiquer cette activité chez vous.

En attendant, vous pouvez lui faire chercher des friandises cachées dans un carton dans une pièce où vous avez mis d'autres cartons, vides. Changez les cartons et les friandises de place et laissez-le chercher !

OÙ PRATIQUER LA CANI-INVESTIGATION© ?

- *Centre Y'a pas d'os : www.yapasdos.fr*
- *Les chiens et nous : www.les-chiens-et-nous.com*

Les jeux de réflexion

Les jeux cognitifs

On peut acheter ou fabriquer des jeux de réflexion. Si vous en achetez, comme il en existe de différents niveaux, commencez par un niveau 0 ou 1 avec votre chiot. Le principe est simple: le chien, pour manger les friandises que vous aurez insérées à l'intérieur des tiroirs, clapets ou cônes constituant le jeu, doit... réfléchir! On trouve ce genre de jeux sur Internet ou en animalerie. Il en existe de différents niveaux, comme nous venons de le dire, de différentes couleurs, de différentes marques et certains sont équipés de ventouses, ce qui leur évite de bouger quand le chiot joue pour déloger les friandises.

Les jeux débutants, conseillés pour les chiots, utilisent souvent le système du clapet ou de la coulisse: le chien doit soulever le clapet et/ou faire glisser la coulisse pour accéder aux friandises. Quand il aura réussi et qu'il sera plus âgé, il pourra apprendre à soulever un couvercle, tirer sur une corde pour ouvrir un tiroir, etc. Certains jeux combinent plusieurs difficultés.

Sachez que les chiens ne réagissent pas tous de la même façon: certains y arrivent mieux que d'autres et leur réussite peut également dépendre du système du jeu (clapets, tiroirs...). Quoi qu'il en soit, il convient de les encourager tout en les laissant se débrouiller seuls et de les féliciter quand ils réussissent.

CONSEILS

- *Surveillez votre chien quand il joue pour vérifier qu'il ne se blesse pas. Il peut en effet mordiller le jeu, voire le détruire.*
- *N'oubliez pas également, comme pour tous les jeux et tous les apprentissages, de terminer la session de jeux par une réussite, quitte à l'aider un peu.*
- *Enfin retirez le jeu quand la session de jeux est terminée.*

Fabrication maison

• Les jeux de bouteilles

Matériel: une baguette et une bouteille plastique vide.

- Insérez la baguette au travers de la bouteille puis glissez-y des friandises.
- Tenez la baguette par les côtés qui dépassent et placez le goulot de la bouteille à hauteur de la tête de votre chien. Le chiot va sentir l'odeur des friandises et devra, pour les récupérer, faire tourner la bouteille à l'aide de son museau ou de ses pattes.

Vous pouvez fabriquer un support à l'aide de planches en bois et placer plusieurs bouteilles sur la baguette.

• Les pots de fleurs

Matériel: 3 petits pots de fleurs vides et des friandises.

- Placez les 3 pots de fleurs retournés à 15 cm d'intervalle.
- Glissez sous 2 pots une friandise.
- Invitez votre chien à les chercher!
- Félicitez-le quand il réussit.

Quand il a compris le système, ne mettez une friandise que sous un seul pot, puis bougez les pots de place. Et pensez à ne pas toujours mettre la friandise sous le même pot!

• Les gobelets

Matériel: 3 gobelets et une balle.

Cette fois, vous n'allez pas mettre une friandise sous un des gobelets mais une balle. Mais votre chien en aura une quand même: celle que vous lui donnerez quand il aura trouvé la balle!

Les jeux de discrimination

Ici, le chien va apprendre à « désigner » un objet que vous aurez nommé. Ce type de jeux ne nécessite aucun achat puisque vous allez utiliser les objets/jouets du quotidien, mais il nécessite de la patience et de la douceur, comme pour tous les apprentissages. Et avec beaucoup de patience et quelques années d'apprentissage, votre chiot sera peut-être, comme Chaser, un border collier aujourd'hui décédé, capable de reconnaître plus de 1000 mots et de rapporter sur demande plus de 1000 jouets différents ! Et pourquoi pas un jour de connaître le mot « arrosoir » comme sur la photo !

Avant toute chose, il vous faut des friandises appétentes et un objet ou un jouet. Vous allez apprendre à votre chiot à associer un nom à un objet. Puis il devra discriminer un objet, c'est-à-dire désigner avec sa patte ou prendre dans sa gueule l'objet que vous aurez nommé parmi plusieurs objets devant lui.

Apprendre à associer un nom à un objet

Prenez le tapis du chien, un jouet et des friandises. Demandez à votre chiot de s'asseoir sur son tapis et mettez-vous en face à environ 1 m.

- Mettez le jouet par terre entre vous.
- Le chiot va naturellement venir vers le jouet.
- Dès qu'il touche le jouet, félicitez-le et donnez-lui une friandise.
- Invitez-le à revenir sur son tapis.
- Remettez le jouet par terre entre vous et recommencez l'exercice.

Quand il a compris, posez le jouet entre vous et dites le nom du jouet avant qu'il ne vienne vers le jouet. Récompensez-le quand il réussit ! C'est très important, surtout pour un chiot en phase d'apprentissage ! Petit à petit, votre chiot va associer le nom du jouet au jouet. Quand cette activité est acquise, vous pouvez passer à l'apprentissage suivant.

CONSEILS

- *Pensez à changer régulièrement les jouets de place.*
- *Ne dites pas « non » quand votre chien se trompe : taisez-vous. Il fera autre chose.*
- *Faites de petites sessions d'exercice. Arrêtez-vous avant que votre chiot soit fatigué.*
- *Récompensez-le quand il réussit !*

Apprendre à discriminer un objet parmi plusieurs

Demandez à votre chiot de s'asseoir sur son tapis et mettez-vous en face à environ 1 m.

- Placez un jouet à côté du premier.
- Dites le nom du premier jouet.
- Si votre chien touche ou prend en gueule le bon jouet, récompensez-le, sinon, ignorez.
- Recommencez.

LES PRÉPARATIFS

À LA MAISON

LA DÉCOUVERTE DES AUTRES

LES SORTIES

JEUX ET LOISIRS

SOS

FICHE 20

Mon chiot détruit tout

Un chiot qui découvre le monde va devoir apprendre les règles d'une cohabitation humain-chien. Comme il va explorer son environnement, il va avoir tendance à prendre en gueule le mobilier et tout ce qui se trouve sur son passage. Un accompagnement bienveillant est essentiel pour le guider vers les comportements souhaités.

La méthode antidestruction

Le rangement

Le chiot va vouloir prendre en gueule les objets qui l'entourent, les mâchouiller, les déchiqueter... Cette exploration buccale peut être gênante pour le propriétaire qui risque de perdre quelques paires de chaussures ou des bouts de son canapé !

Pour éviter ce type de désagrément, **la première règle consiste à ranger son intérieur.** Il ne faut rien laisser traîner et retirer tout ce qui ne sert à rien. Mettez donc de côté les bibelots, les livres au ras du sol ou à portée de gueule, la télécommande, les coussins... pour le moment (le temps que le chiot prenne de bonnes habitudes). Retirez les tapis. Certains chiots apprécient en effet d'en effilocher les bords. Remontez également les rideaux qui touchent le sol. Eh oui, c'est très drôle de tirer sur des rideaux !

Des jouets à disposition

La deuxième règle est de laisser au chiot des jouets à disposition. Ainsi, quand il voudra jouer avec le plaid du canapé, vous pourrez le rediriger sur un jouet un peu mou qu'il pourra agiter à sa guise. Le mieux est d'anticiper. Pour cela, lorsque vous voyez qu'il commence à s'intéresser à un de vos objets, apportez-lui un de ses jouets et félicitez-le de le prendre en gueule.

Quand le chiot joue avec ses jouets de sa propre initiative, félicitez-le. Plus vous aurez laissé des jouets à sa disposition et rangé vos affaires, plus vous aurez de chance que le chiot attaque uniquement ses jouets.

Les activités masticatoires

Le chien a besoin de mastiquer. Voilà pourquoi il va se servir de son environnement pour répondre à ce besoin si rien ne lui est proposé. Comme nous en avons déjà parlé à la fiche alimentation, vous pouvez lui donner des oreilles séchées, du bois de cerf... Les jouets en corde plaisent également à certains chiens.

Laissez-lui donc toujours à disposition de quoi mastiquer/ronger pour éviter qu'il n'utilise le mobilier. C'est la troisième règle.

Si vous le voyez ronger un pied de chaise ou de table, redirigez-le (comme vu au-dessus) vers un bois de cerf ou un sabot de veau. Là aussi, plus vous anticiperez, plus votre chiot prendra rapidement de bonnes habitudes.

Durant vos absences, vous pouvez mettre les chaises sur la table pour qu'il y ait moins de « tentations ».

CONSEIL

Ne grondez pas votre chiot lorsqu'il adopte un comportement que vous n'appréciez pas. Guidez-le vers le comportement souhaité. La punition ne permet pas au chiot d'apprendre les bons comportements et elle nuit à votre relationnel.

La recherche d'attention

Certains chiots comprennent qu'en faisant des « bêtises », ils attirent l'attention de l'humain. Voilà aussi pourquoi votre chiot peut volontairement prendre un objet que vous affectionnez particulièrement et jouer avec devant vous. Il a appris que lorsqu'il faisait ça, vous arrêtiez ce que vous étiez en train de faire pour le gronder ou vous occuper de lui. Voilà donc un bon moyen d'attirer votre attention ! Encore une fois, gronder le chiot sera contre-productif car cela répondra à sa demande d'attention.

Pour éviter cela, **rangez vos affaires**, comme nous l'avons vu, laissez-lui des **jouets à disposition, de quoi mastiquer** et **anticipez** ses demandes d'attention en lui donnant quelque chose à ronger ou à lécher ou en allant le balader avant qu'il n'adopte des comportements gênants.

Si, malgré tout, il prend un de vos objets, s'il n'y a aucun danger pour lui et si ce n'est pas un objet de valeur, ignorez son comportement (ne le regardez pas et ne lui parlez pas). Ainsi, il comprendra que ce comportement ne lui apporte pas votre attention. Dans le cas contraire, apprenez-lui à lâcher (*cf.* ci-dessous).

Si le chiot détruit lors de vos absences, revoyez la fiche consacrée à l'apprentissage de la solitude. Un(e) comportementaliste pourra vous aider.

Apprentissage du « lâche »

Il est important que le chiot apprenne à lâcher sur commande. Cet apprentissage vous sera utile lorsqu'il prendra quelque chose en gueule que vous souhaitez qu'il lâche pour sa sécurité ou pour vous le rendre.

Commencez l'apprentissage avec des jouets qui n'ont pas beaucoup de valeur à ses yeux pour que cela soit plus facile. Par la suite, vous pourrez généraliser l'apprentissage en utilisant différents objets avec des valeurs de plus en plus importantes.

- Lorsque le chiot a un jouet en gueule, dites-lui « tu lâches », en plaçant en même temps une friandise au niveau de son museau.
- Le chiot va sentir la friandise et lâcher le jouet pour la manger. Au moment où il ouvre la mâchoire et lâche le jouet, félicitez-le puis donnez-lui la friandise.
- Faites l'exercice 2-3 fois avec la friandise, puis faites-le sans lui mettre la friandise devant le museau. Vous lui donnerez une friandise lorsqu'il aura lâché le jouet.

La friandise doit être suffisamment motivante pour que le chiot ait envie de lâcher le jouet.

Vous pouvez également faire du troc en lui donnant, en échange de ce qu'il lâche, un jouet. Il faudra que le jouet soit de valeur supérieure à ce que le chiot a en gueule pour qu'il accepte le troc.

CONSEIL

Sauf urgence/danger, évitez de retirer de force, de la gueule de chiot, l'objet qu'il a trouvé. Il ne vous fera plus confiance et, les prochaines fois qu'il trouvera « un trésor », s'empressera de s'éloigner de vous ou de l'ingérer !

FICHE 21

Mon chiot me saute dessus ou me mordille

Le chiot qui découvre comment interagir avec les humains va peut-être vous sauter dessus lorsque vous rentrez ou lorsqu'il est content. Il peut aussi vous mordiller les mains quand vous jouez avec lui ou que vous voulez lui passer un harnais. Il ne faut pas laisser s'installer ces comportements, qui peuvent être gênants. En adaptant votre manière de réagir, vous verrez qu'il est facile de guider votre chiot vers le comportement souhaité.

Mon chiot saute sur les gens !

Pourquoi ?

Il est fréquent de voir les chiots sauter sur leurs humains et sur leurs invités. Que ce soit pour « dire bonjour » lors de vos arrivées à la maison ou quand vous vous adressez à lui, votre chiot peut sauter en mettant ses deux pattes avant sur vos jambes. Difficile alors de ne pas s'occuper de lui et de se retenir de le caresser ou de lui parler. **Or le chiot opte pour ce comportement justement parce qu'à chaque fois qu'il le fait, on s'occupe de lui.** En réagissant à ce comportement (en regardant le chien, en lui parlant, en le touchant), vous le renforcez et le chiot va prendre l'habitude d'y recourir. Certains chiots le feront même au cours de la journée pour que vous vous occupiez d'eux. Demandez-vous toujours dans ce cas si votre chiot n'a pas besoin de quelque chose. Peut-être a-t-il envie de sortir ? de boire ? de jouer ? C'est à vous de répondre à ses besoins et de les anticiper au maximum. Il n'aura ainsi plus à opter, afin d'obtenir ce qu'il souhaite, pour des comportements qui peuvent gêner l'humain. Voilà pourquoi répondre à ses besoins, favoriser son autonomie et lui donner des activités masticatoires comme nous l'avons vu précédemment est essentiel.

Nombreux sont les humains qui laissent ce comportement s'installer car cela leur fait plaisir que leur chiot soit aussi enthousiaste. Le problème, c'est que si votre chiot appartient à une grande race, il va vite grandir et ce comportement risque de devenir vraiment gênant. Votre chien devenu adulte peut blesser ou faire tomber quelqu'un. Et même petit, un chien qui accueille les invités en mettant ses griffes sur leurs jambes, va les salir ou abîmer les vêtements, ce qui risque fort de déplaire à votre entourage.

À éviter

- **Gronder le chiot** va nuire à votre relation, sans compter que cela ne permet pas au chiot de savoir quel comportement vous attendez de lui. Par ailleurs, le « non » reste une réponse qui renforce le mauvais comportement.
- **Repousser le chiot** n'est pas non plus adapté, car cela reste également une réponse qui renforce le comportement.
- **Regarder le chiot** n'est pas conseillé, au contraire, ignorez-le.
- **Et, bien évidemment, le coup de genou pour repousser le chiot est à proscrire.** Ce geste n'a pas sa place dans la construction d'une relation bienveillante et respectueuse.

À faire

- Dès que vous accueillez votre chiot, **prenez l'habitude de vous accroupir lorsque vous avez un échange avec lui.** Vous serez ainsi au même niveau que lui, ce qui ne lui donnera pas l'occasion de sauter sur vos jambes.
- **Lorsque vous lui donnez des friandises, donnez-les-lui au niveau de son museau ou au sol.** Ne lui donnez rien s'il n'a pas les quatre pattes au sol. Même chose pour les caresses.
- **Évitez d'exciter le chiot** lorsque vous rentrez à la maison et qu'il est content de vous retrouver. Restez sobre afin qu'il ne monte pas en excitation.
- Lorsque votre chiot met ses deux pattes avant sur vous, **détournez-vous sans lui parler, le regarder ou le repousser**. Lorsqu'il a ses quatre pattes au sol, félicitez-le calmement pour éviter de l'exciter, ce qui pourrait lui donner à nouveau envie de mettre ses pattes sur vous. La prochaine fois qu'il vient vous voir sans mettre ses pattes sur vous, félicitez-le.

> **CONSEIL**
>
> *Évitez le plus possible d'exciter votre chiot. L'excitation ne permet pas au chiot de gérer correctement ses comportements. Submergé par ses émotions, il a en effet plus de difficultés à réfléchir pour opter pour le comportement attendu par l'humain.*

Mon chiot mordille !

Il est courant d'entendre les propriétaires de chiot dire que leur chiot mordille les mains. Comprendre ce qui pousse votre chiot à opter pour tel ou tel comportement vous permettra d'adopter une attitude adéquate.

Pourquoi ?

- Le chiot peut avoir **mal aux dents** et chercher à se soulager en mordillant tout ce qui se trouve à portée de gueule, dont vos mains.

- **Afin d'obtenir de l'attention** de votre part. Le chiot peut avoir compris qu'en vous mordillant, il acquiert votre attention.
- **Avec l'excitation,** certains chiots ont tendance à prendre en gueule les mains ou les avant-bras.
- Il faut également savoir que certains chiots sont surstimulés (trop de jeux par exemple), ce qui peut générer de **l'excitabilité**. Du coup, le chiot est en perpétuelle demande d'activité. Un chiot doit également apprendre à ne rien faire. À vous de trouver le juste milieu.
- **Lors de contacts rapprochés** comme les caresses ou les manipulations imposées (pour des soins par exemple), le chiot peut mordre les mains. Mal à l'aise dans la situation, il va mordiller ce qui se trouve à sa portée : vos mains, le harnais, la laisse...

À éviter

- **Le gronder, crier « non », lui donner une tape sur le museau, le prendre par la peau du cou ou encore lui mordre l'oreille** (ce sont encore des conseils que l'on peut entendre !).
- **Les jeux où le chiot mordille les mains.** Le chiot ne doit pas prendre l'habitude d'utiliser sa gueule pour interagir avec l'humain.

Rappelez-vous, c'est un chiot, il apprend, propose... Alors anticipez et renforcez les comportements souhaités !

À faire

- **Lui proposer des activités masticatoires.** Lorsqu'il mordille vos mains, dirigez-le vers un jouet à ronger et félicitez-le quand il le ronge.
- **Anticiper ses demandes d'attention.** Comme vu-plus haut, répondez à ses besoins et favorisez son autonomie.
- **Rangez vos mains.** Lorsque vous voyez que le chiot commence à s'exciter ou à vouloir vous mordiller les mains, retirez vos mains, arrêtez d'interagir avec lui tant qu'il est excité. Lorsqu'il est plus calme, vous pouvez le féliciter.
- **N'en faites pas trop !** Gérez les interactions pour éviter que le chiot ne s'excite. En fonction de la sensibilité de votre chiot, adaptez votre attitude. Si votre chiot monte vite en excitation, restez sobre dans vos échanges avec lui.
- **N'imposez pas de caresses** sans vous être assuré au préalable que le chiot est d'accord (*cf.* le test de consentement, fiche 6). Ne laissez pas des inconnus imposer des caresses à votre chiot.
- **Habituez votre chiot aux différentes manipulations** (*cf.* fiche 10) afin que les situations soient bien vécues.

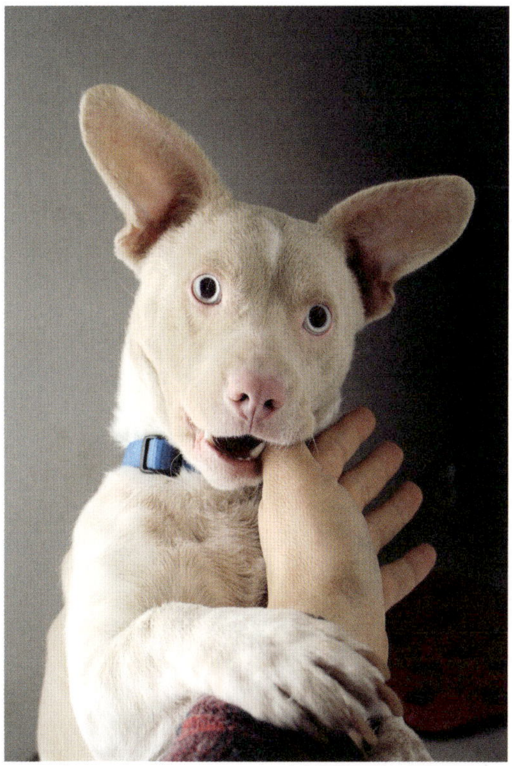

FICHE 22

Mon chiot grogne

Aujourd'hui, votre chiot vous a grogné dessus. Ce comportement peut surprendre ou faire peur. Pourquoi l'a-t-il fait ? Est-il méchant ? Que faire ? Certains propriétaires ne savent pas comment réagir face à ce type de comportement qu'ils ne comprennent pas. Il s'agit pourtant d'un comportement normal face à certaines situations.

Un comportement normal

Pourquoi ?

Le grognement est un comportement normal. Un chiot qui grogne n'est pas un chien méchant. Il est juste mal à l'aise face à une situation. Le chiot peut grogner pour:

- **Faire cesser une situation.** Il va grogner pour signifier son inconfort et/ou sa peur et faire cesser l'interaction. Cela peut arriver lors d'une caresse ou d'une manipulation (pose du harnais, nettoyage des pattes...).
- **Mettre à distance une personne ou un congénère.** Mal à l'aise, il va grogner pour mettre à distance l'individu. Une mauvaise familiarisation aux humains ou aux animaux ou une mauvaise expérience peut le pousser à opter pour ce comportement qui lui permet d'éviter la rencontre.
- **Défendre une ressource.** Le chiot peut sentir le besoin de protéger son panier, son jouet, sa gamelle ou tout autre objet ou lieu à forte valeur à ses yeux. Il peut également ressentir ce besoin vis-à-vis d'un humain ou d'un animal (chien, chat...). Dans ce cas, il va rester à proximité de la ressource et menacer l'individu qui voudrait s'en approcher.

POUR INFO

- *Un grognement non respecté peut pousser le chiot à opter pour la morsure ou le claquement de dents (mordre dans le vide).*
- *Il arrive que certains chiots grognent lorsqu'ils jouent. Dans ce cas, pas d'inquiétude : c'est du jeu.*

À éviter

- **Rentrer en conflit avec le chien.** Ne rentrez pas en conflit avec votre chiot en le grondant ou en le violentant physiquement. En plus de nuire à votre relationnel et de générer du stress, cette attitude peut pousser votre chiot à ne plus prévenir (car réprimandé) et à passer directement à l'étape suivante: la morsure !
- **Forcer les manipulations/contacts.** Imposer des contacts ou des rencontres quand votre chiot n'est pas à l'aise va amplifier son

malaise. Ce n'est donc pas constructif. Le consentement à la caresse doit être systématique (*cf.* fiche 6).

- **Prendre trop souvent son chiot dans les bras.** Il est courant de voir les propriétaires de petit chien les prendre dans les bras pour que les personnes puissent les caresser. Le chiot est alors contraint. Il ne peut se dégager de la situation.
- **L'emmener à la sortie des écoles.** Emmener son chiot à la sortie de l'école ou au marché dans l'espoir d'habituer un chiot craintif aux humains n'est pas une habituation progressive mais une immersion. Cela risque fort de le sensibiliser et d'amplifier la problématique.
- **Mettre la main dans sa gamelle.** Il est courant d'entendre que pour habituer le chien à ne pas défendre sa nourriture, il faut mettre sa main dans la gamelle pendant qu'il mange ou la lui retirer pendant le repas. Ce type de conseil est très dangereux et contre-productif. Comment instaurer de la confiance et de la sérénité si votre chiot ne peut pas manger sans craindre qu'on ne lui vole son repas ? De plus, cela va le pousser à se dépêcher de manger. Plus le chien va se rendre compte que l'humain ne convoite pas son repas et moins il se sentira le besoin de le protéger.

À faire

- **Connaître le langage canin.** Nous avons déjà abordé les signaux d'apaisement (*cf.* fiche 6). Savoir les déceler et adapter son attitude permettra au chiot de ne pas avoir à grogner pour signifier son inconfort.
- **Anticiper.** La majorité des conduites agressives étant liées à de la peur, comprendre pourquoi son chien grogne permet d'anticiper les situations et de l'aider.
- **Gérer les contacts avec les humains.** Si votre chiot grogne lorsque quelqu'un l'approche ou essaie de le caresser, demandez à

la personne d'arrêter. Votre chiot signale son inconfort, ce qui doit être respecté.

Si votre chiot a peur des inconnus, ne lui imposez pas de contacts forcés. Personne ne doit le caresser sans son consentement. Si, dans la rue, il grogne sur les inconnus, anticipez les croisements en mettant de la distance entre lui et la personne avant qu'il ne la voie. La distance doit être suffisante pour que le chiot soit à l'aise. Vous pourrez ainsi le féliciter d'être détendu. S'il souhaite s'arrêter pour observer, arrêtez-vous.

Lors des visites à la maison, demandez à vos invités d'ignorer le chiot (ne pas le regarder, ne pas lui parler et ne pas le toucher) et de ne pas marcher dans sa direction. Si le chiot vient les renifler, félicitez-le verbalement (vous pouvez également lui donner une friandise). Les invités ne devront à aucun moment lui imposer un contact sans son consentement.

Certains chiots peuvent avoir peur des enfants. Les enfants, plus vifs et imprévisibles que les adultes, gesticulent davantage et peuvent être bruyants. Ces comportements peuvent inquiéter un chiot qui n'est pas habitué aux enfants. Il convient d'être très prudent pour éviter tout accident. Une habituation progressive avec des enfants calmes permettra au chiot de mieux appréhender les enfants inconnus (*cf.* fiche 11). Encore une fois, aucune caresse sans le consentement du chiot.

- **Gérer les contacts avec les congénères.** Si votre chiot grogne sur les congénères, il faut gérer les distances lors des rencontres comme pour les humains. Voilà aussi pourquoi les premières rencontres avec les congénères sont importantes (*cf.* fiche 12). On favorisera des rencontres avec des chiens ayant une bonne communication. L'accompagnement d'un professionnel peut être d'une grande aide pour « les premières fois ».
- **L'habituer aux manipulations.** Si votre chiot vous grogne dessus lors de manipulations (brossage, pose du harnais, nettoyage des pattes...), cessez ce que vous faites. Il va falloir travailler ou retravailler l'habituation progressive aux soins de base (*cf.* fiche 10).
- **Le laisser tranquille pendant qu'il mange/mastique.** Si votre chiot fait de la protection de ressource, il est primordial de construire une relation de confiance où le chiot va comprendre qu'en aucun cas vous ne lui « volerez son trésor ». Laissez votre chiot manger seul au calme dans une pièce. Ne touchez pas la gamelle tant qu'il est à côté : vous la retirerez une fois qu'il aura quitté la pièce. Lorsque vous lui donnez quelque chose à mastiquer, éloignez-vous de lui pour qu'il comprenne que « vous ne convoitez pas » sa friandise.
- **Imposer des règles à la maison :** On laisse le chien tranquille lorsqu'il se repose. On s'assure que le chien veut bien être caressé et on ne laisse pas des inconnus (adultes ou enfants) imposer des contacts au chien. On laisse le chien ronger ses friandises tranquillement. On laisse le chien tranquille pendant son repas et on ne laisse pas traîner la gamelle après le repas. On apprend aux enfants les signaux d'apaisement. On ne laisse jamais le chien avec de jeunes enfants sans surveillance. Le chien n'est ni une nounou ni un jouet.

CONSEIL

Si, malgré tous ces conseils, votre chiot grogne, consultez un(e) comportementaliste pour comprendre pourquoi il le fait et pour mettre en place le plus rapidement possible des actions afin que votre chiot soit mieux et qu'il n'y ait pas d'accident. Ne laissez pas la situation s'installer.

Annexes

Sites Internet

Vox animae : www.vox-animae.com
Pour trouver un professionnel du comportement et de l'éducation près de chez vous.

Y'a pas d'os, centre d'Élodie Martins qui propose des activités (mantrailing, Cani-investigation©, hoopers, massages canins...) : www.yapasdos.fr
Elle organise, avec Laure Lemaire (www.les-chiens-et-nous.com), des week-ends et des semaines « cani-complices ».

You tube : chaîne ÉLODIE Y'A PAS D'OS

Livres

Élodie Martins et Françoise Claustres, *Apprivoiser son chien en 10 minutes par jour*, Artémis, 2017
Élodie Martins et Françoise Claustres, *Rendre son chien heureux*, Ulmer, 2019
Élodie Martins et Françoise Claustres, *Savoir donner les premiers soins à son chien*, Artémis, 2019
Élodie Martins et Françoise Claustres, *Mon chien s'ennuie !*, Larousse, 2021
John W. Pilley, *Chaser, le chien qui comprend plus de 1000 mots*, éditions J.-C. Lattès, 2015
Turid Rugaas, *Les signaux d'apaisement*, Les éditions du Génie canin, 2009

Crédits photographiques

Catherine Bastide : pp. 9, 19, 39, 65, 72, 80, 85, 95.
Gaëlle Bourbigot : p. 90.
Véronique Dhelft : pp. 37, 40, 59, 75, 86.
Catherine Dove : pp. 57 bas, 71, 93, 103.
Catherine Guillerm : pp. 18, 30, 54, 58, 101.
Patrice et Joëlle Klich : pp. 13, 17.
Christopher Labouré : p. 79.
Élodie Martins : pp. 5, 53, 89.
Sylvie Meunier : pp. 29, 43, 69, 99, 110.
Élodie Rivet : p. 66.
Virginie Roland Cappe : p. 22.

Adobe Stock : pp. 10, 14, 16, 26, 31, 35, 42, 47, 49, 57, 60, 61, 62, 68, 98, 104, 105, 107.
Unsplash : pp. 2, 6, 21, 25, 32, 38, 44, 50, 76, 82, 87, 96, 109.

33, rue du Faubourg Montmartre
75009 Paris
Tél. : 01 48 05 03 03
www.editions-ulmer.fr

Réalisation : Julia Verneau
Responsable éditoriale : Raphaèle Dorniol
Impression : Printer Trento, srl
ISBN : 978-2-37922-213-9
N° d'édition : 213-01

Retrouvez-nous sur Facebook et Instagram

Dépôt légal : janvier 2022
Imprimé en Italie

FSC www.fsc.org MIXTE Papier issu de sources responsables FSC® C015829